本书由中国旅游研究院博士后文库项目
资助出版

社交媒体情境下的旅游打卡
行为研究

陈义涛 著

中国旅游出版社

摘　要

　　随着全球化进程的加速推进以及信息技术的迅猛发展，旅游产业已成为世界经济中最具活力和影响力的支柱产业之一。在这一背景下，游客的行为模式与消费需求呈现出日益多样化和个性化的特征，这些变化不仅为旅游产业的持续发展注入了新的动力，同时也对旅游学科的理论创新与实践研究提出了更高的要求。其中，旅游打卡现象作为近年来迅速兴起的一种新型旅游行为模式，因其独特的文化内涵与鲜明的时代特征，已成为旅游文化研究领域的重要议题。其核心内涵可界定为：游客在特定的旅游目的地或标志性景观前进行拍照、录制视频等行为，并借助社交媒体平台（如微博、Instagram、微信朋友圈、抖音等）进行分享与传播，以此记录与展示个人的旅行经历与体验。这种行为模式不仅体现了当代游客对个性化表达与社交认同的追求，也反映了数字化时代下旅游文化与社交媒体的深度融合。从本质上讲，旅游打卡现象是传统旅游行为与现代社交媒体技术相结合的产物，既是对传统旅游体验的补充与拓展，也是数字化时代下旅游文化创新的重要表现形式。这一现象的出现，不仅为旅游目的地的推广与品牌建设提供了新的途径，也为旅游

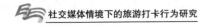

学科的理论研究开辟了新的方向。通过对旅游打卡现象的深入探讨，可以更好地理解数字化时代下游客行为模式的演变规律，揭示社交媒体在旅游文化传播中的作用机制，进而为旅游产业的创新发展提供理论支持与实践指导。

旅游打卡现象的兴起并非偶然，而是与互联网技术的快速发展、社交媒体的广泛普及以及数字移动技术的革新密切相关。互联网技术的普及为信息传播提供了前所未有的便利性，而社交媒体的兴起则为游客提供了一个开放、便捷的分享与互动空间。这种技术背景的变革，不仅极大地降低了游客分享旅行经历的门槛，还为旅游打卡行为的传播与扩散提供了强有力的技术支撑。具体而言，数字移动技术的革新在很大程度上推动了旅游打卡现象的普及。智能手机的高清拍摄功能、便捷的视频编辑软件以及多样化的图片处理工具，为游客提供了全方位的旅游记录与展示工具。这些技术手段不仅提升了游客记录旅行经历的效率与质量，还使得分享过程更加便捷与生动。通过这些技术工具，游客能够更加直观、全面地记录与展示自己的旅行体验，从而进一步强化了旅游打卡行为的吸引力与传播力。在这一技术背景下，游客通过在线平台展示个人旅行经历的行为逐渐演变为一种新的社交潮流与文化现象。这种现象的形成，深刻反映了当代社会中人们对社交互动和自我表达的强烈需求。在社交媒体平台上，游客通过分享自己的打卡照片和视频，不仅能够获得他人的关注与认可，还能够在虚拟社交空间中构建与维护个人形象。这种行为不仅满足了游客的社交需求与自我认同，还通过社交媒体的传播效应，吸引了更多潜在游客的关注与参与。因此，旅游打卡现象不仅推动了旅游目的地的知名度提升与游客流量增长，还通过社交媒体的传播效应，形成了"打卡—分享—吸引更多打卡"的良性循环，进一步推动了旅游打卡文化的普及与传播。因此，从更深层次来看，旅游打卡现象的社交化趋势反映了数字化时代下人们生活方式与价值观念的转变。当代游客在追求个性化旅行体验的同时，也越来越注重通过社交媒体展示自己的生活品质与文化素养。这种行为模式不仅体现了人们对社交认同的追求，也反映了数字化时代下人们通过虚拟空间构建与维护社会关系的新方式。因此，旅游打卡现象不仅是旅游行为的创新，更是数字化时代下社会文化变迁的重要体现。

　　旅游打卡作为一种在社交媒体上分享旅游经历的行为，通常发生在具有显著标识性与视觉吸引力的景点，例如著名建筑、风景名胜、人造景观等特殊点位的既定范围内。旅游打卡不仅是一种个人旅行经验的记录方式，更是一种展示个性、增强社交互动以及获取圈层认同的重要手段。与传统旅游行为相比，旅游打卡在目的导向性、行为方式以及旅游体验深度等方面呈现出显著的特殊性与差异性。

　　首先，从目的导向性来看，传统旅游行为更注重对旅游目的地的全方位体验与感受。游客通常希望通过旅行深入了解当地的历史文化、风俗习惯，欣赏自然风光，享受旅行过程中的放松与愉悦，追求内心的充实与精神的满足。例如，在传统旅游模式中，游客可能会花时间参观博物馆，了解当地的历史典故，与当地居民进行深度交流，融入当地生活，从而获得对目的地更为立体与全面的认知。而旅游打卡的核心目的在于在特定地点留下具有标志性的记录，并通过社交媒体等渠道进行分享与传播。其重点在于展示自己到过某个地方，获得他人的关注与认可，满足社交互动与自我表达的需求。例如，许多游客在网红景点快速拍照后便离开，其主要目的是在朋友圈等社交平台上展示照片，以获取他人的点赞与评论。

　　其次，从行为方式来看，传统旅游的行程安排相对灵活与自由。游客通常会根据自己的兴趣与节奏进行旅行，可能会选择漫步于古老的街道，随意走进一家小店品尝当地美食，深入探索目的地的每一个角落。这种行为方式强调个人化体验与深度探索，注重在旅行过程中发现与感受目的地的独特魅力。而旅游打卡更倾向于按照热门打卡点的清单进行旅行，追求在短时间内完成多个打卡任务。游客往往会提前规划好打卡路线，快速到达打卡地点，拍照或录制视频后迅速前往下一个地点。例如，在有限的时间内打卡多个城市地标性建筑，这种行为方式更注重效率与目标达成，而非对目的地的深度探索与体验。

最后，从旅游体验深度来看，传统旅游强调深度体验与文化浸润。游客通常会花大量时间去了解目的地的文化内涵、历史背景与风土人情。他们可能会参与当地的传统活动，学习当地的手工艺，与当地居民建立联系，从而获得对目的地更为深入的认识。例如，参加当地的民俗节日，亲身体验传统的庆祝方式，这种体验方式能够使游客与目的地之间建立更为深厚的情感联系。而旅游打卡的体验相对较为肤浅，主要集中在表面的视觉感受与拍照留念。游客可能只是匆匆一瞥打卡点的外观，对其背后的文化与历史了解甚少。这种行为方式更注重形式化的记录与展示，而非对目的地文化与内涵的深入探索。

旅游打卡作为一种新兴的旅游行为模式，在社交媒体时代对旅游文化和旅游传播产生了深远而复杂的影响。这种现象不仅改变了游客与旅游目的地之间的互动方式，也深刻影响了旅游文化的价值取向与传播机制。以下从三个方面探讨其具体影响。

首先，旅游打卡丰富了旅游文化的内涵。传统旅游文化往往集中于那些具有显著历史、文化或自然价值的旅游目的地，而许多具有地方特色的小众景点则长期处于"被遗忘的角落"。然而，随着社交媒体的普及，游客通过打卡行为将这些小众景点带入公众视野，使得原本不为人知的景点获得了广泛关注。例如，一些隐藏在城市小巷中的传统手工艺作坊或民间艺术场所，因游客的打卡分享而被重新发现，其蕴含的文化价值与历史意义得以传承与弘扬。这种现象不仅丰富了旅游文化的多样性，也为地方文化的保护与传承提供了新的途径。此外，打卡行为还促使旅游目的地不断创新与开发新的文化内容。许多地方通过设计主题打卡活动，将当地的历史故事、民俗风情与现代旅游体验相结合，为旅游文化注入了新的活力与吸引力。

其次，旅游打卡重塑了旅游文化的价值观。在社交媒体时代，打卡行为在一定程度上影响了游客对旅游文化内涵的认知与价值判断。一方面，部分游客过于追求打卡的数量与社交媒体上的点赞量，而忽视了对旅游文化内涵的深入体验与理解。这种行为可能导致旅游文化被表面化与商业化，使原本具有深厚历史与文化价值的旅游目的地沦为"到此一游"的符号化存在。另一方面，也有许多游客通过打卡行为更加深入地了解与尊重不同地区的文化。例如，一些游客在打卡过程中主动学习当地的历史背景、风土人情，并通过社交媒体分享自己的所见所感，从而促进了不同文化之间的交流与融合。这种行为不仅推动了旅游文化价值观向更加包容与多元的方向发展，也为跨文化交流提供了新的可能性。

最后，旅游打卡扩大了旅游传播的范围与影响力。社交媒体的普及使得旅游打卡行为成为一种强大的传播工具。通过游客的自主分享与口碑传播，原本局限于特定区域的旅游目的地能够在短时间内获得广泛的关注与传播。例如，中国重庆的洪崖洞因游客在社交媒体上的打卡分享，迅速成为国内外游客的热门打卡点，吸引了大量游客前来体验。这种现象不仅扩大了旅游目的地的知名度与影响力，也为其经济发展与文化推广提供了新的机遇。与传统的官方宣传与旅行社推广相比，游客的自主打卡分享更具真实性和感染力，能够更有效地吸引潜在游客。此外，打卡行为还推动了旅游传播方式的创新。通过用户生成内容（UGC）的形

式，游客能够以个性化的方式记录与展示自己的旅行体验，这种传播方式不仅更加生动与多样化，也能够更好地满足不同受众的需求。

基于以上论述，本书采用定性和定量相结合的研究方法，聚焦旅游打卡现象，从打卡地属性、打卡动机、打卡呈现等核心视角，系统探讨旅游打卡情境下打卡的驱动路径与循环机制，实证检验游客出游动机和行为的机理模型，以期为新式旅游模式的发展提供理论支持与实践指导。研究的主要结果分为以下三个方面。

首先，研究一揭示了旅游打卡的两条实现路径，分别为由打卡地外在特征驱动外在动机的外在驱动路径，以及由打卡地内在特征驱动内在动机的内在驱动路径。不同驱动路径触发了个体不同的展示策略，具体体现在展示范围和美化程度上。展示策略中的展示范围和美化程度又会反作用于打卡地的特征值，从而助推景点演变为旅游打卡地，最终形成了一个动态的循环机制模型。该模型不仅揭示了旅游打卡的核心概念与驱动路径，还构建了旅游打卡的循环机制模型，为旅游打卡行为理论的建构和社交媒体背景下旅游行为的研究提供了新的理论视角。同时，该模型也为新式旅游营销实践提供了重要的决策依据，为旅游目的地的开发与推广提供了创新思路。

其次，研究二聚焦于网红景点信息来源的两个关键特征，即微信朋友圈的可信性和微博旅游博主的专业性，探讨了其对游客旅游动机和旅游意向的影响机制。研究发现，在微信朋友圈情境下，信息来源的可信性对潜在游客的旅游意向具有更显著的积极影响；而在微博旅游博主情境下，信息来源的专业性对潜在游客的旅游意向具有更显著的积极影响。进一步分析表明，基于微信朋友圈的可信性，持有外在动机的潜在游客表现出更强的旅游意向；而基于微博旅游博主的专业性，持有内在动机的潜在游客则表现出更强的旅游意向。此外，研究还发现，基于微信朋友圈的可信性，持有外在动机且依存型自我建构的潜在游客具有更强的旅游意向；而基于微博旅游博主的专业性，持有内在动机且独立型自我建构的潜在游客同样具有更强的旅游意向。基于动机视角，研究二明确了旅游打卡行为的实现路径，论证了内在动机和外在动机在旅游打卡中的多重中介作用，为旅游行为研究提供了坚实的理论依据。同时，该研究也为旅游目的地的信息传播策略提供了实践指导，强调了社交媒体平台特征与游客心理动机的交互作用在旅游决策中的重要性。

最后，研究三系统考察了旅游者在景点打卡过程中，打卡地特征、打卡动机以及打卡意愿之间的路径关系，构建了旅游打卡的影响机理及行为路径模型。研究结果证实，打卡地特征会通过唤起个体的不同打卡动机，进而影响其打卡意愿。具体而言，内在动机不仅触发个体对打卡地的情感联结，还对打卡意愿产生显著的正向影响；而外在动机仅对打卡地情感产生正向影响，对打卡意愿的影响则不显著。追加分析显示，旅游涉入度在打卡地特征对打卡动机的影响路径中起到了部分调节作用，即高旅游涉入度的游客更容易受到打卡地特征的驱动，从而产生更强的打卡动机。研究三论证了内在动机和外在动机在旅游打卡中的多重中介作用，明确了旅游打卡现象的形成机理，为旅游行为研究提供了重要的理论依据。同时，该研究也为新式旅游模式的发展提供了实践指导，强调了打卡地特征与游客心理动机之间的动态关系在旅游体验设计中的重要性。

本书通过三个相互关联的研究，系统探讨了旅游打卡现象的驱动路径、循环机制及其影响机理，构建了完整的理论框架与实证模型。研究不仅揭示了旅游打卡行为的内在逻辑与动态过程，还为社交媒体背景下旅游行为的研究提供了新的理论视角与方法论启示。此外，研究所得结论也为旅游目的地的营销策略、信息传播策略以及体验设计提供了重要

的实践指导，为新式旅游模式的发展与创新提供了坚实的理论基础与实践依据。旅游打卡现象作为一种新兴的旅游模式，正逐渐成为旅游领域的热门话题。与此同时，全球旅游行为也在气候变化、技术革新和社会经济动态等多重因素的作用下经历着前所未有的变革。这些变化涉及旅游产业可持续发展、全球经济、文化交流和环境保护等多方面议题。呼吁各国学者共同关注和深入研究全球旅游行为的变化，分享洞见和知识，推动全球旅游行为变迁的科学理解和政策制定，以实现旅游业更具韧性和包容性的增长，共同构建更加可持续、负责任的旅游未来。深入研究旅游打卡现象以及全球旅游行为的变化，对于推动旅游业的可持续发展、促进全球文化交流以及保障旅游活动的健康有序开展具有重要的意义。

关键词：社交媒体；旅游行为；旅游打卡；打卡动机；扎根理论

Abstract

With the accelerated advancement of globalization and the rapid development of information technology, the tourism industry has become one of the most dynamic and influential pillar industries in the global economy. In this context, tourists' behavior patterns and consumption demands exhibit increasingly diverse and personalized characteristics. These changes not only inject new momentum into the sustained development of the tourism industry but also impose higher demands on theoretical innovation and practical research in tourism studies. Among these, the phenomenon of tourist check-in, as a rapidly emerging new type of tourism behavior pattern in recent years, has become an important topic in tourism cultural research due to its unique cultural connotations and distinct contemporary characteristics. As an emerging form of tourism cultural practice, the core essence of the tourist check-in phenomenon can be defined as follows: tourists engage in activities such as taking photos or recording videos at specific tourist destinations or iconic landmarks, and share and disseminate these experiences through social

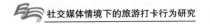

media platforms (e.g., Weibo, Instagram, WeChat Moments, Douyin, etc.), thereby documenting and showcasing their travel experiences and insights. This behavior pattern not only reflects contemporary tourists' pursuit of personalized expression and social recognition but also mirrors the deep integration of tourism culture and social media in the digital age. In essence, the tourist check-in phenomenon is a product of the integration of traditional tourism behavior and modern social media technology, serving as both a supplement and extension of traditional tourism experiences and an important manifestation of tourism cultural innovation in the digital era. The emergence of this phenomenon not only provides new avenues for the promotion and branding of tourist destinations but also opens up new research directions for theoretical studies in tourism. By conducting an in-depth exploration of the tourist check-in phenomenon, we can better understand the evolution patterns of tourist behavior in the digital age, uncover the mechanisms through which social media influences the dissemination of tourism culture, and ultimately provide theoretical support and practical guidance for the innovative development of the tourism industry.

The emergence of the tourist check-in phenomenon is not accidental but closely related to the rapid development of internet technology, the widespread popularity of social media, and the innovation of digital mobile technology. The widespread adoption of internet technology has provided unprecedented convenience for information dissemination, while the rise of social media platforms has offered tourists an open and convenient space for sharing and interaction. This technological transformation has not only significantly reduced the barriers for tourists to share their travel experiences but has also provided robust technical support for the dissemination and proliferation of the check-in behavior. Specifically, the innovation of digital mobile technology has significantly contributed to the popularization of the tourist check-in phenomenon. The high-resolution camera functions of smartphones, user-friendly video editing software, and a variety of image processing tools have provided tourists with comprehensive tools for recording and showcasing their travels. These technological tools not only enhance the efficiency and quality of tourists recording their travel experiences but also make the sharing process more convenient and vivid. Through these technological tools, tourists can more intuitively and comprehensively record and showcase their travel experiences, thereby further enhancing the appeal and dissemination power of the check-in behavior. Against this technological backdrop, the act of tourists showcasing their personal travel experiences through online platforms has gradually evolved into a new social trend and cultural phenomenon. The formation of this phenomenon deeply reflects the strong demand of people in contemporary society for social interaction and self-expression. On social media platforms, tourists sharing their check-in photos and videos can not only gain others' attention and recognition but also build and maintain their personal image in virtual social spaces. This behavior not only fulfills tourists' social needs and self-identity but also attracts more potential tourists' attention and participation through the dissemination effect of social media. Therefore, the phenomenon of tourist check-in phenomenon not only promotes the popularity of tourist destinations, and the growth of tourist flow, but also forms a virtuous cycle of "check-in—share—attract more check-ins" through the dissemination effect of social media, further promoting the popularization and

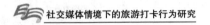

dissemination of the check-in culture. Thus, from a deeper perspective, the social trend of the tourist check-in phenomenon reflects the transformation of people's lifestyles and values in the digital age. Contemporary tourists, while pursuing personalized travel experiences, are increasingly focusing on showcasing their quality of life and cultural literacy through social media. This behavioral pattern not only reflects people's pursuit of social recognition but also illustrates a new way in which people build and maintain social relationships through virtual spaces in the digital age. Therefore, the tourist check-in phenomenon is not only an innovation in tourism behavior but also an important manifestation of social and cultural changes in the digital age.

Tourist check-in, as a behavior of sharing travel experiences on social media, typically occur at locations with distinctive landmarks and visual appeal. These include well-known architectural landmarks, scenic spots, and artificial landscapes within designated areas. It is not only a way to record personal travel experiences but also serves as an important means of showcasing individuality, enhancing social interaction, and gaining recognition within social circles. Compared to traditional tourism behaviors, tourist check-in exhibits notable differences and uniqueness in terms of purpose orientation, behavior patterns, and the depth of travel experiences.

First, in terms of purpose orientation, traditional tourism behaviors focus more on comprehensive experiences and perceptions of travel destinations. Tourists typically aim to gain a deeper understanding of the local history, culture, and customs, enjoy natural landscapes, and experience relaxation and joy during their travels, seeking inner fulfillment and spiritual satisfaction. For instance, in traditional tourism, visitors might spend time visiting museums, learning about local historical anecdotes, engaging in in-depth conversations with locals, and immersing themselves in the local lifestyle, thereby gaining a more comprehensive and multidimensional understanding of the destination. In contrast, the core purpose of tourist check-in is to leave distinctive records at specific locations and share these experiences through social media platforms. The focus is on showcasing one's presence at a particular location, attracting attention and recognition from others, and fulfilling needs for social interaction and self-expression. For example, many visitors quickly snap photos at internet celebrity tourist attractions and then leave, with the primary goal of sharing these images on social platforms like WeChat Moments to receive likes and comments from others.

Second, in terms of behavior patterns, traditional tourism typically involves more flexible and free itinerary planning. Tourists generally travel according to their interests and pace, choosing to wander through historic streets, casually enter a local shop to taste regional delicacies, or thoroughly explore every corner of the destination. This approach emphasizes personalized experiences and in-depth exploration, focusing on discovering and appreciating the unique charm of the destination during the journey. In contrast, tourist check-in tends to follow a list of popular "must-visit" spots, aiming to complete multiple check-in tasks within a short timeframe. Visitors typically plan their check-in routes in advance, quickly arrive at the designated locations, take photos or record videos, and then promptly move on to the next destination. For instance, in a limited timeframe, visitors might check in at multiple urban landmarks, prioritizing efficiency and goal completion over in-depth exploration and experience of the destination.

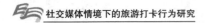

Third, regarding the depth of travel experiences, traditional tourism emphasizes in-depth experiences and cultural immersion. Visitors typically spend significant time understanding the cultural essence, historical context, and local customs of a destination. They may participate in local traditional activities, learn local crafts, and establish connections with local residents, thereby gaining a deeper understanding of the destination. For example, participating in local folk festivals and experiencing traditional celebrations can foster a deeper emotional connection between visitors and the destination. In contrast, the experiences associated with tourist check-in are relatively superficial, focusing primarily on visual impressions and photo-taking for souvenirs. Tourists may only take a quick glance at the appearance of check-in locations with little understanding of the culture and history behind them. This behavior prioritizes formalized documentation and display over in-depth exploration of the destination's culture and connotation.

As an emerging pattern of tourist behavior, check-in has profound and complex impacts on tourism culture and tourism communication in the era of social media. This phenomenon not only alters the interaction patterns between visitors and destinations but also significantly influences the value orientations and dissemination mechanisms of tourism culture. The following sections explore its specific impacts from three perspectives.

Firstly, tourist check-in has enriched the connotation of tourism culture. Traditional tourism culture tends to focus on those destinations with significant historical, cultural or natural values, while many niche attractions with local characteristics have long been in the "forgotten corners". However, with the popularity of social media, visitors bring these niche sites into the public eye through check-in, granting previously unknown locations widespread attention. For instance, traditional craft workshops or folk art venues hidden in urban alleys are rediscovered due to visitors' check-in shares, preserving and promoting their cultural value and historical significance. This phenomenon not only enhances the diversity of tourism culture but also offers new avenues for the preservation and inheritance of local cultures. Additionally, check-in behavior encourages tourist destinations to continuously innovate and develop new cultural content. Many places create themed check-in activities, integrating local historical narratives, folk customs, and modern tourism experiences, thereby infusing tourism culture with fresh vitality and appeal.

Second, tourist check-in reshapes the values of tourism culture. In the era of social media, check-in behavior influences visitors' understanding and value judgments regarding the essence of tourism culture to a certain extent. On one hand, some visitors overly prioritize the quantity of check-ins and likes on social media, neglecting in-depth experiences and understanding of the cultural essence of destinations. This behavior may lead to the superficialization and commercialization of tourism culture, reducing destinations with profound historical and cultural value to mere symbolic "been here" spots. On the other hand, many visitors gain a deeper understanding and respect of different cultures through check-in behavior. For example, some visitors actively learn about the historical background and local customs of destinations during check-in and share what they see and feel through social media, fostering cultural exchange and integration. This behavior not only drives tourism cultural values toward greater inclusivity and diversity but also opens new possibilities for cross-cultural communication.

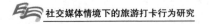

Lastly, tourist check-in expands the scope and influence of tourism communication. The widespread use of social media transforms check-in behavior into a powerful communication tool. Through visitor-initiated sharing and word-of-mouth promotion, tourist destinations previously confined to specific regions can gain widespread attention and dissemination in a short time. For example, Hongyadong in Chongqing, China, rapidly became a popular check-in spot for domestic and international visitors due to the sharing of tourist check-in on social media, attracting a large number of tourists. This phenomenon not only enhances the reputation and influence of tourist destinations but also offers new opportunities for their economic development and cultural promotion. Compared to traditional official publicity and travel agency promotions, visitor-initiated check-in shares are more authentic and compelling, effectively attracting potential visitors. Additionally, check-in behavior drives innovation in tourism communication methods. Through user-generated content (UGC), visitors can document and showcase their travel experiences in personalized ways, offering a more dynamic and diverse communication approach that better meets the needs of different audiences.

Based on the above discussion, this study employs a mixed research methodology combining qualitative and quantitative approaches, focusing on the phenomenon of tourist check-in. From core perspectives such as check-in location attributes, check-in motivations, and check-in presentation, the study systematically explores the driving pathways and cyclical mechanisms of check-in in travel contexts. It empirically validates the theoretical model of tourists' travel motivations and behaviors, aiming to provide theoretical support and practical guidance for the development of new tourism models.

The main findings of the study are divided into the following three aspects:

First, Study 1 identifies two pathways for realizing tourist check-in: an external-driven pathway, where external features of check-in locations drive external motivations, and an internal-driven pathway, where internal features of check-in locations drive intrinsic motivations. These different pathways trigger distinct display strategies among individuals, specifically reflected in the scope of display and the degree of beautification. The scope of display and the degree of beautification in display strategies, in turn, influence the characteristics of check-in locations, facilitating the transformation of scenic spots into tourist check-in destinations. This ultimately forms a dynamic cyclical mechanism model. This model not only elucidates the core concepts and driving pathways of tourist check-in but also constructs a cyclical mechanism model for check-in. It provides a new theoretical perspective for the development of theories on tourist check-in behaviors and research on travel behaviors in social media contexts. Additionally, this model offers crucial decision-making references for innovative tourism marketing practices and provides creative insights for the development and promotion of tourist destinations.

Second, Study 2 focuses on two key characteristics of information sources regarding internet celebrity tourist attractions: the credibility of information from WeChat Moments and the professionalism of travel bloggers on Weibo. It investigates the mechanisms through which these characteristics influence tourists' travel motivations and travel intentions. Further analysis indicates that, based on the credibility of WeChat Moments, potential tourists with extrinsic motivations exhibit stronger travel intentions. Conversely, based on the professionalism of Weibo travel bloggers, potential tourists with intrinsic

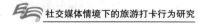

motivations demonstrate stronger travel intentions. Additionally, the study finds that, based on the credibility of WeChat Moments, potential tourists with extrinsic motivations and dependent self-construal exhibit stronger travel intentions. Similarly, based on the professionalism of Weibo travel bloggers, potential tourists with intrinsic motivations and independent self-construal also demonstrate stronger travel intentions. From a motivational perspective, Study 2 clarifies the pathways for realizing tourist check-in behaviors and demonstrates the multiple mediating roles of intrinsic and extrinsic motivations in tourist check-in. It provides a robust theoretical foundation for research on travel behaviors. At the same time, this study offers practical guidance for information dissemination strategies of tourist destinations and emphasizes the importance of the interplay between social media platform characteristics and tourists' psychological motivations in travel decision-making.

Finally, Study 3 systematically examines the path relationships among check-in location characteristics, check-in motivations, and check-in intentions during the tourist check-in process at scenic spots. It constructs a theoretical model of the influence mechanism and behavioral pathways of tourist check-in. The findings confirm that check-in location characteristics influence check-in intentions by eliciting different check-in motivations among individuals. Specifically, intrinsic motivations not only trigger emotional connections to check-in locations but also exert a significant positive influence on check-in intentions. In contrast, extrinsic motivations only positively affect the emotion of the check-in locations and do not significantly influence check-in intentions. Additional analyses reveal that travel involvement partially moderates the effect of check-in location characteristics on check-in motivations. Specifically, tourists with high travel involvement are more likely to be influenced by check-in location characteristics, thereby generating stronger check-in motivations. Study 3 demonstrates the multiple mediating roles of intrinsic and extrinsic motivations in travel check-ins, clarifies the formation mechanism of check-in phenomena, and provides a significant theoretical basis for research on travel behaviors. Additionally, this study offers practical guidance for the development of new tourism models and emphasizes the importance of the dynamic relationship between check-in location characteristics and tourists' psychological motivations in travel experience design.

This project systematically investigates the driving pathways, cyclical mechanisms, and influence mechanisms of the tourist check-in phenomenon through three interconnected studies. It constructs a comprehensive theoretical framework and empirical model. The research not only reveals the underlying logic and dynamic processes of check-in behaviors but also provides new theoretical perspectives and methodological insights for studying travel behaviors in social media contexts. Furthermore, the findings offer crucial practical guidance for tourism destination marketing strategies, information dissemination strategies, and experience design. They also provide a robust theoretical and practical foundation for the development and innovation of new tourism models. The phenomenon of tourist check-in, as an emerging tourism model, is increasingly becoming a hot topic in the tourism industry. Concurrently, global tourism behaviors are undergoing unprecedented transformations under the influence of multiple factors, including climate change, technological innovations, and socioeconomic dynamics. These changes encompass various issues, such as sustainable development of the

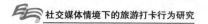

tourism industry, global economics, cultural exchange, and environmental protection. It is imperative to call on scholars worldwide to collectively focus on and thoroughly investigate the changes in global tourism behaviors, share insights and knowledge, and advance the scientific understanding and policy-making regarding global tourism behavior changes. This would facilitate more resilient and inclusive growth in the tourism industry and contribute to building a more sustainable and responsible tourism future.

In-depth research on the phenomenon of tourist check-in and the changes in global tourism behaviors holds significant importance for promoting the sustainable development of the tourism industry, fostering global cultural exchanges, and ensuring the healthy and orderly conduct of tourism activities.

Keywords: Social media; Tourist behavior; Tourist check-in; Check-in motivation; Grounded theory

目　录

第 1 章

绪　论

　　随着社会经济的发展与信息技术的迅猛进步，旅游业在全球范围内蓬勃发展，旅游业成为众多国家和地区的支柱产业之一。在此背景下，旅游者的行为模式和需求也发生了深刻的转变。近年来，旅游打卡现象引起了广泛关注，成为旅游文化研究中的一个重要议题。旅游打卡指的是游客在特定景点拍摄照片并通过社交媒体如抖音、Facebook、Instagram、微博等分享，以此记录和展示其旅游经历。这一现象的兴起与互联网和社交媒体的普及紧密相关，而数字移动技术的进步更是为游客提供了全方位的记录与体验工具。通过在线平台展示个人旅游经历，不仅变得更加便捷和普遍，还逐渐演变为一种新的社交潮流与文化现象。这一趋势不仅重塑了旅游者的行为模式，也深刻影响了旅游产业的发展方向。

　　旅游打卡作为一种在社交媒体上传播旅游经历的行为，通常指游客在旅游目的地拍摄照片或录制视频，并通过社交媒体平台分享给他们的

朋友、家人和关注者。这些打卡通常发生在旅游景点、著名建筑或风景胜地等地方，以展示游客的旅游经历和体验。旅游打卡作为一种富有现代性的旅游文化现象，意指游客前往特定的景点，并通过照片、视频、社交媒体等方式记录和分享其经历。这种行为不仅是对个人旅游经历的记录，更是一种展示个性、增强社交互动以及获取肯定的手段。在信息时代，旅游打卡已经成为旅游体验的重要组成部分，反映了当代人对数字化生活和社交媒体的依赖与热爱。与传统旅游相比，旅游打卡更加注重对瞬间的捕捉和分享，而不仅仅是游览景点本身。旅游打卡行为通常发生在社交媒体平台上，如微信、微博、Instagram 等。游客通过在这些平台上发布照片或视频来分享他们的旅游体验，与他人交流和互动。打卡不仅仅是为了记录旅游的地点和风景，更重要的是展示游客的旅游体验和情感。游客通过打卡来表达自己对旅游的喜爱和热情，同时也可以激发其他人的旅游兴趣。

旅游打卡已经成为一种全球性的旅游潮流，在许多国家和地区都能见到类似的现象。不少旅游目的地甚至将打卡点作为吸引游客的重要卖点，通过打卡点的设计和宣传来吸引更多游客。这种现象不仅在中国社交媒体上普遍存在，而且已经成为全球游客旅游活动中的一种新潮流（Arts et al.，2021；Campbell et al.，2022）。旅游打卡不仅仅是一种旅游行为，更是一种社会文化现象和全球旅游业的新趋势。然而，我们也应该认识到，旅游打卡现象所带来的影响是"双刃剑"，既有促进旅游业发展的积极作用，也有可能带来一些负面问题。因此，我们需要以更加审慎和负责任的态度来对待和引导这一现象，并呼吁国际学者和旅游企业共同关注和协力引导这一现象，为世界旅游的发展做出贡献。

旅游打卡行为的动机是多样且复杂的。首先，自我表达和身份认同是主要动机之一。Urry（1990）的旅游凝视理论指出，旅游者在某种程度上是在寻求和他人共享的视觉体验。通过在社交媒体上分享旅行照片，游客不仅展示了自己的旅游经历，还通过这种方式表达了个人品位和价值观。其次，社会认可和归属感也是旅游打卡的重要动机。Bourdieu（1984）的文化资本理论指出，打卡行为是一种展示文化资本的方式。通过在热门景点打卡，游客展示了自己的社会地位和文化资本，从而获得他人的认可和赞赏。此外，社交媒体上的互动，如点赞和评论，进一步增强了游客的归属感和社会连接感。最后，虚荣心和竞争心理也是不可忽视的动机。旅游打卡在一定程度上反映了现代社会中个人对自我形象的关注和对他人评价的敏感。游客希望通过在知名景点打卡来获得更多的关注和赞誉，从而在社交媒体上获得更高的"地位"。

　　旅游打卡现象不仅影响了个人行为，还对社会文化和经济产生了深远影响。首先，旅游打卡促进了目的地营销和旅游业的发展。社交媒体上的旅游分享构建和传播了目的地的形象，吸引了更多潜在游客。例如，某些景点因为游客的频繁打卡而迅速走红，成为新的旅游热点，带动了当地经济的发展。其次，旅游打卡也对文化传播和交流起到了积极作用。游客通过打卡分享不同文化背景下的景点和风俗习惯，促进了文化的交流与理解。在全球化背景下，旅游打卡成为跨文化交流的重要途径之一。然而，旅游打卡现象也带来了许多负面影响。首先，过度打卡导致某些热门景点人满为患，严重影响了游客的体验质量和当地居民的生活环境。某些景点因为大量游客的涌入，出现了环境污染、资源耗竭等问题，威胁到生态平衡和可持续发展。其次，旅游打卡还可能导致文化冲突和商业化倾向。游客在某些文化遗址或宗教场所的打卡行为，可能会因为缺乏尊重和理解，引发当地居民的不满和反感。此外，过度依赖打卡经济，可能导致旅游目的地过度商业化，丧失其原有的文化和历史价值。

　　旅游打卡现象的研究涉及多个领域和问题。首先，需要进一步探讨

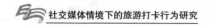

打卡行为的深层动机及其心理机制。尽管已有研究表明打卡行为与自我表达、社会认可等因素密切相关，但具体的心理过程和影响机制尚未完全揭示。未来的研究可以采用定性研究和定量研究相结合的方法，深入分析不同类型游客的打卡动机和行为模式。其次，旅游打卡的社会文化影响需要进一步研究。打卡行为不仅影响个体的旅游体验和决策，还对社会文化和经济产生广泛影响。研究者应关注旅游打卡对目的地形象、文化传播和社会结构的影响，探索如何在促进旅游业发展的同时，保护文化遗产和生态环境。此外，旅游打卡的管理和政策问题也亟待解决。随着打卡行为的普及，旅游管理者需要制定有效的管理策略，避免过度旅游和环境破坏。例如，可以通过限制游客数量、优化景点规划等措施，平衡旅游需求与资源保护之间的关系。

旅游打卡作为一种新兴旅游现象，并非单纯的旅游模式革新，而是对传统旅游方式的深度补充与拓展，在旅游业、社会文化以及个人行为层面均产生了广泛而深刻的影响。从旅游业发展的视角来看，旅游打卡依托网络与社交媒体的强大传播力，显著提升了旅游目的地的知名度与影响力。当游客在社交媒体平台分享打卡照片时，这种生动直观的展示会激发更多潜在游客的兴趣，吸引他们前往打卡地旅游，进而有力地推动当地旅游业的发展。从旅游文化交流的视角来看，旅游打卡超越了个人行为的范畴，成为借助网络和社交媒体开展旅游文化交流的重要途径。游客通过分享旅游经历，能够跨越地域界限，与世界各地的人们进行互动交流，促进不同文化之间的相互理解与友谊，推动旅游文化的多元融合。

而对于游客个体而言，旅游打卡已成为展示个人形象和生活方式的有效手段。众多游客通过发布精美的打卡照片，向社交圈展现自己的生活品质和丰富的旅游经历，从而塑造在社交网络中的形象。然而，旅游打卡在带来积极影响的同时，也引发了一系列问题。部分游客为追求独

特、美观的打卡照片，不惜采取冒险行为或破坏环境；热门景点的过度
旅游现象日益严重，给当地生态环境和居民生活带来了巨大压力。旅游
打卡现象的出现，也为旅游业带来了新的机遇与挑战，国际学者和旅游
企业肩负着积极参与和推动其健康发展的责任。在学术研究领域，学者
应开展更为深入系统的研究，剖析旅游打卡现象对旅游业、社会文化和
个人行为的影响机制，为旅游政策制定和行业发展提供科学依据与专业
建议。在旅游企业运营方面，企业可充分利用社交媒体平台，优化游客
的旅游体验和满意度。例如，精心设计具有吸引力的打卡点，提供高质
量的旅游服务，以此吸引更多游客，增强自身的市场竞争力等。

　　同时，社交媒体的普及使得打卡行为成为一种普遍的社会现象，它
不仅改变了个体的旅游体验和动机，还对社会文化和经济产生了深远影
响。未来的研究需要进一步探究打卡行为的动机及其背后的社会文化因
素，制定切实有效的管理策略，以实现旅游业的可持续发展。在数字化
和全球化的时代背景下，如何平衡旅游需求与资源保护，是旅游管理者
和研究者必须关注的核心问题。此外，国际学者和旅游企业还应重视旅
游打卡可能带来的负面影响，如旅游资源的过度开发、文化传统的保护
以及生态环境的维护等。各方应共同倡导并推动旅游业的可持续发展，
充分发挥旅游打卡现象对旅游业的助推作用，深入研究旅游行为的变化，
为全球旅游事业的繁荣贡献力量。

1.1　研究背景及意义

1.1.1　研究背景

　　中国一些人旅游的目的是制作 15 秒的视频，而这简短的

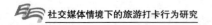

旅游视频承载了当下最为流行的旅游模式，即景点打卡（Daka destinations）。

——《经济学人》①

党的二十大报告中指出，"加快发展数字经济，促进数字经济和实体经济的深度融合"。在此背景下，旅游产品、服务场景和旅游模式大量兴起，旅游业迎来了高质量发展的关键时期。数字驱动下，多元化的产品和服务为旅游生态注入活力的同时，也引发了供给端与需求端严峻的冲突。供给端在提供数字产品和服务的过程中，过度美化、滤镜、剧本化等问题，对区域旅游价值的形象投射带来了严重的负面影响；另外，需求端基于数字媒体的过度沉浸，个体对吸引物的质量、互动形式、符号氛围等的需求内容发生了偏移。数字驱动下，旅游个体与平台的互动产生了新的生态系统，构成了新的旅游关注网络（薛晨璐等，2023），智慧旅游在信息、管理、设施和服务方面加快了数据的打通与融合（左晶晶等，2020），改变了旅游产业的顶层设计、传播体系、内容质量和带来了新的消费趋势（邬江，2022）。因此，供给端旅游业数字化转型扩大了旅游的边界（乔向杰，2022）；需求端旅游方式的变化打破了传统的旅游习惯，出现了旅游打卡、特种兵旅游、城市漫步游等一系列新的旅游模式（殷紫燕等，2023）。过去人们在景区打卡，以实体照片为载体，现在打卡的载体变成了社交媒体。对游客来说，打卡是来过的证明，是可以对外展示的素材，因此游玩过程往往走马观花，体验让位于游览更多景点的效率。

---

① 《经济学人》（*The Economist*）杂志，于1843年在伦敦建刊，是一本完全国际化的期刊，其中80%的发行量来自英国之外，以独立和全球化的视角著称。该刊每周四晚上在世界六个地方同步印刷，每周六全球同步出版，4~5期/月，同时于当天晚些时候在网上更新最新一期的内容。

随着社交媒体（如抖音、Instagram、Facebook、微博等）的迅速发展，人们越来越喜欢通过图片和视频分享生活中的精彩瞬间。这种分享行为催生了"打卡"文化，尤其是在旅游过程中，人们喜欢展示自己到访的名胜景点、特色餐饮或独特的地方。通过在热门景点"打卡"并分享到社交媒体，人们可以获得点赞、评论等社交反馈，从而增强自我认同感。这种认可和归属感进一步刺激了旅游打卡现象的发展。社交媒体和移动技术对游客和旅游业的重要影响（Nusair et al.，2024），不仅体现在个体从社交媒体获得旅游信息，还可以在社交媒体上即时分享旅游体验（Du et al.，2022）。社交媒体背景下，游客行为的研究集中在旅游分享（Sotiriadis，2017）、游客体验（Li et al.，2023）、在线评论（Wang et al.，2024）等多个方面，游客行为的变化对景区、景点和旅游企业的产品开发和服务带来了严峻的挑战，受到了众多学者的关注（Amaro et al.，2016；Altınay et al.，2017；Zhang et al.，2022）。另外，景区和旅游企业为了吸引游客，将旅游吸引物（tourist attraction）赋予特殊的符号意义，让游客通过旅游符号传播旅游行为（Palmer，1999；Soulard et al.，2021）。在此背景下，旅游打卡成为游客在社交媒体上展示的旅游形式，社交媒体上的旅游打卡数据则成为景区景点人气值的重要指标（Li et al.，2020）。例如，中国新闻网的报道："有的人排队5小时，只为打卡西湖音乐喷泉；有的人排号20000桌，只为打卡一家网红餐厅；有的人堵车半小时，只为打卡一个名叫'立马回头'的公交站；排队2小时的西安兵马俑，只能看2分钟。"更有甚者，在游客打卡的同时，通过信息传播，吸引更多的潜在打卡者根据相关网络信息进行模仿打卡，打卡情况见图1。同样的旅游打卡内容比比皆是，表面说明的是游客喜欢，但对于解释游客为什么喜欢缺少更多的理论与实践的检验。

图 1　模仿打卡内容

与传统的旅游行为不同，打卡者倾向于通过社交网络来展示自己的旅游行为，借助社交网络彰显旅行消费的仪式感（Bian & Zhu，2020）。因此，打卡现象的产生有赖于网络平台提供的技术架构，以及去中心化的网络技术为个体打卡提供的先决条件。同时，社交媒体拓展了旅游的体验边界，可以彰显旅游行为的社会、休闲及消费属性（Bronner & De，2019）。打卡者可以借助社交媒体，将旅游通过即时互动彰显旅游行为，实现旅游打卡的某种目的。另外，社交媒体赋予了旅游景点更多的传播途径，社交媒体下的旅游打卡，使每一个打卡者（i.e. the person who performs the action of Daka）都参与到景点的传播中，作为一种互动点赞、关注和评价成为更多潜在游客处理旅游信息和决策的重要参考（Dedeolu et al.，2020；Zhang et al.，2022）。旅游打卡现象不仅带动了老牌景区的人气，也催生了一批名不见经传的非景区现象级景点。例如，老牌景区的丽江泸沽湖、桂林的阳朔西街，现象级打卡景点的重庆李子坝轻轨站、海口云洞图书馆等。只要冠以"打卡地"的标签后，节假日的火爆程度远超普通旅游景点，网友在平台打卡的短视频点赞浏览及转发量动辄百万。因此，在个体打卡追捧下，催生的"网红打卡地""网红景点""网红村"等一系列"打卡"景点的衍生现象值得关注。

本书基于定性研究和定量研究相结合的方法，深度探索旅游打卡现象的内在机制，同时系统解读旅游打卡现象所建构的文化内涵，以期为新式旅游模式的发展提供理论与实践参考。主要解决以下几个方面的问题：首先，旅游打卡区别于传统的旅游行为，现有研究仅从表面上揭露了打卡现象的存在，打卡强调象征性意义（ZHU，2016）、符号和身份意义的构建（YAN et al.，2022），以及个体情感上求新求异的形象（LIU，2021）等，但实质性的理论及实证检验并不充分。其次，现有研究明确了旅游打卡的多重消费价值（Bian & Zhu，2020），但对打卡目的地特征的整体归纳不够全面，缺少对打卡目的地建设的有效指导。最后，旅游打卡作为旅游行为的变化，折射出了游客多样化的动机和心理需求，探索旅游行为的变化及打卡动机，对旅游企业而言非常重要，本书的结论将为旅游企业的产品开发带来重要的实践和管理启示。

综上所述，在数字经济的背景下，旅游业迎来了高质量发展的关键时期，通过技术的推动，旅游产品和服务的多元化迅速增加为行业注入了新的活力。数字技术的进步不仅促进了新旅游模式的出现，还增强了游客与平台之间的互动，形成了新的旅游生态体系。然而，这一发展也带来了供需双方的冲突。供给端的问题主要包括过度美化和刻意包装，这样的表现对旅游目的地真实价值的展示和长期可持续发展可能产生负面影响；需求端则表现出由于过多依赖数字媒体，游客对旅游体验的要求发生偏移，导致对符号、互动形式和质量的期望提升。社交媒体在旅游行为中的作用日益显著，推动了旅游打卡文化的形成和普及。社交平台上的互动增强了游客的自我认同感和社会资本，这种动态互动进一步刺激了旅游打卡的流行。研究显示，社交媒体不仅改变了游客的行为模式，还对景区、旅游企业的产品开发带来了挑战。同时，旅游打卡现象不是简单的旅游活动记录，而是通过社交媒体展现个体的身份认同和消费仪式感的社会行为。这种现象依赖网络平台的技术支持，使每位游客都能够通过即时互动成为景点的传播者。尽管现有研究揭示了旅游打卡的存在及其多重消费价值，但在象征意义、身份构建及个体动机等方面的实质性理论研究仍不充分。现有的研究多注重表层现象的描述，缺乏对打卡目的地特征的全面归纳以及指导性建议。此外，旅游打卡显现出的游客多样化心理需求，也为旅游企业提供了方向，企业需要进一步的探索和理解，从而制定产品开发和市场营销策略。旅游打卡现象反映了数字经济和社交媒体时代的新型旅游文化，展示了现代旅游业数字化过程中的机遇与挑战。研究旅游打卡现象不仅有助于理解现代旅游者的行为变化，也为政策制定者、旅游企业提供了重要的理论基础和实践指导。未来的研究需进一步建立打卡现象的理论框架，透彻分析其内在机理，以便更好地指导旅游业的长期发展。

1.1.2 研究意义

对旅游打卡现象的研究具有广泛的意义，不仅能够揭示现代旅游行为的特征和趋势，还可以为旅游产业的发展提供指导，为相关政策的制定提供依据。具体来说，科学研究方面，研究旅游打卡现象有助于丰富和拓展旅游行为理论。传统的旅游研究主要集中于旅行动机、目的地选择、旅行体验等方面，而打卡现象则揭示了新的旅游动机和行为模式，如社交认可、虚拟成就感和平面展示的动机。另外，打卡行为是社交媒体和旅游行为互动的具体表现，其研究可以帮助理解社交媒体如何影响旅游决策、旅游体验和旅游记忆，这有助于构建社交媒体时代背景下的旅游行为模型。实践意义方面，通过研究旅游打卡行为，可以帮助目的地管理者和营销人员了解哪些景点、活动和服务对游客具有吸引力，从而优化旅游资源配置，制定精准的市场营销策略，提升目的地的知名度和吸引力。因此，了解哪些景点容易因打卡过度而遭受环境压力，可以帮助制定保护性措施，维护旅游资源的长期可持续利用。政策意义方面，深入研究旅游打卡现象，可以为政府和相关部门制定旅游管理政策提供科学依据。例如，在高峰期如何合理分流游客、如何保护热门打卡点的生态环境等问题上，都可以通过研究结果来提供决策支持。还有助于政府部门了解社交媒体在旅游中的影响，进而制定合理的监管政策，规范旅游信息的发布和传播，防止虚假宣传和不良行为。对旅游打卡现象的研究不仅在理论上有助于丰富旅游行为和社交媒体互动的研究范畴，在实践上也能够为旅游产业的发展、旅游体验的提升和文化交流的促进提供宝贵的依据。同时，对政策制定和社会文化理解也具有重要意义。

本书选题不仅可以帮助了解现代旅游行为的演变，还可以指导旅游业者制定更有效的营销策略，为其提供更优质的服务。本书的三个核心研究内容，分别从旅游打卡的信息来源、打卡路径的实现、打卡动机三个层面展开质性和量化研究，研究的整体结论将对旅游产业的发展有重要的促进意义。首先，社交媒体对旅游行为的影响机制可以从信息获取、社交影响和情感交流等方面展开。社交媒体为旅游信息的获取提供了便利途径，用户可以通过浏览社交媒体平台了解其他人的旅游经历和意见，从而更加全面地了解目的地的情况；社交媒体上的社交影响也是影响旅游行为的重要因素之一，许多人还会受到朋友、网红或意见领袖的影响，而选择某个目的地或体验某项旅游产品。此外，社交媒体也为旅游者提供了表达情感和体验感的平台，他们可以在社交媒体上分享自己的旅游经历、照片和视频，与其他用户交流互动，从而增强了对旅游目的地的情感认同和体验满意度。其次，旅游动机的研究在学术界非常普遍，但对旅游打卡动机的解释力相对不足。动机研究领域涉及心理学、社会学、文化学等多个学科，通过探索旅游动机，可以揭示个体行为背后的动机、期望和需求，进而为旅游业者提供更有效的服务和体验，促进旅游业的可持续发展。本书将从旅游动机的概念入手，探讨其意义并分析其对个体和社会的影响，最后探讨对旅游产业的启示。了解打卡动机的意义需要从其定义和内涵入手。打卡动机是指促使个体选择旅行、参与旅游活动的内在驱动力和目的。这些动机可以是多样化的，包括寻求休闲放松、文化体验、冒险探索、社交互动等。最后，通过研究旅游打卡地的目的地特征、打卡动机，可以深入了解人们参与旅游活动的根本原因，从而为旅游业者提供更贴近消费者需求的产品和服务。另外，研究打卡动机有助于了解个体的心理和情感需求的变化。例如，对于追求冒险和刺激的人群，他们可能更倾向于选择探险旅游项目，而对于追求放松和休闲的人群，则更可能选择度假胜地，旅游打卡亦是如此。综上所述，研究打卡动机对于深入了解个体行为背后的动机和需求，推动旅游业的高质量发展，促进社会文化交流具有重要意义。通过深入研究旅游打卡动机，可以为旅游产业提供更有效的服务和体验，实现个体和社会的双重价值。综上所述，理论意义和实践意义如下。

（1）理论意义

首先，该研究丰富了旅游行为研究的理论框架，扩展了旅游行为的研究视角。

传统旅游行为研究长期以来主要聚焦于旅游者的动机、旅游过程中的体验以及旅游后的满意度等方面。这些研究视角无疑为理解旅游行为奠定了坚实的基础，但随着时代的变迁和技术的进步，已难以全面涵盖现代旅游行为的复杂特征。社交媒体情境下的旅游打卡现象则为我们打开了一扇新的窗口。旅游打卡不再是仅仅简单地到某个旅游景点游览，而是涉及在社交媒体平台上进行信息分享、互动和交流的一系列行为。从这一现象出发进行研究，能够使我们从一个更为综合和多元的视角去审视旅游行为。它将线上的虚拟社交活动与线下的实际旅游体验紧密联系起来，让我们看到旅游行为不仅仅发生在物理空间中，还在虚拟的数字空间里有着丰富的表现形式。

社交媒体已成为旅游者获取旅游信息的重要渠道。在旅游打卡行为中，信息获取是一个关键环节。旅游者通过浏览其他用户在社交媒体上分享的旅游打卡内容，如照片、视频、文字描述等，能够快速了解旅游目的地的特色、景点分布、游玩攻略等信息。这种信息获取方式与传统的旅游信息传播方式有着显著的差异。传统的旅游信息往往通过旅游宣传册、旅行社推荐等方式传播，信息的来源相对单一，且具有一定的滞后性。而社交媒体上的信息具有实时性、多样性和互动性的特点。旅游者可以根据自己的兴趣和需求，有针对性地搜索和筛选信息，并且可以与分享者进行实时的互动交流，进一步获取更详细和个性化的信息。这种信息获取方式的改变直接影响了旅游者的决策过程和旅游行为模式。

通过对旅游打卡现象的研究，我们能够揭示数字时代社交媒体与旅游行为之间的复杂互动关系。一方面，社交媒体的发展和普及改变了旅游打卡行为的模式和特征。社交媒体提供的便捷工具和平台使得旅游打卡变得更加容易和广泛传播，促进了旅游打卡现象的兴起和发展。另一方面，旅游打卡行为也反过来影响了社交媒体的内容和生态。大量的旅游打卡内容丰富了社交媒体的信息资源，吸引了更多的用户关注旅游相关的话题和内容。这种相互影响和相互作用的关系使得旅游行为和社交

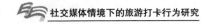

媒体形成了一个紧密相连的生态系统。在这个生态系统中，两者相互促进、共同发展，不断演变和创新。综上所述，社交媒体情境下的旅游打卡行为研究从理论层面上为旅游行为研究带来了新的活力和方向。通过拓展研究视角、深入剖析影响机制以及揭示复杂互动关系，丰富了旅游行为研究的理论框架，旅游打卡行为研究为我们更全面、深入地理解现代旅游行为提供了重要的理论支持。

其次，该研究深化了游客打卡行为动机方面的路径机制与行为解释。

传统的旅游动机理论，如马斯洛的需求层次理论、普洛格的心理类型理论等，虽然对旅游动机进行了一定的解释，但在社交媒体时代，这些理论已经难以全面涵盖旅游打卡行为所呈现出的多样化动机。对旅游打卡动机的研究引入了新的视角和因素，丰富了旅游动机的理论内涵。从需求层次的角度来看，除了传统的生理、安全、社交、尊重和自我实现需求外，旅游打卡行为还满足了人们在数字时代特有的信息分享和社交认同需求。例如，旅游者通过在社交媒体上打卡分享旅游经历，获得他人的认可和赞扬，从而在虚拟社交空间中实现了自我价值感的提升。从心理类型的角度来看，社交媒体的影响使得不同心理类型的旅游者在旅游动机上表现出了新的特点。原本较为保守的旅游者可能会受到社交媒体上热门打卡景点的影响，尝试一些新的旅游目的地和活动；而喜欢冒险的旅游者则会通过社交媒体寻找更多具有挑战性的旅游项目。这种对旅游动机理论内涵的丰富，使得旅游动机理论更加贴合现代旅游发展的实际情况。

在社交媒体深度融入人们生活的当下，旅游打卡行为逐渐成为一种流行的旅游现象。旅游动机研究向来是多学科交叉的关键领域，涉及心理学、社会学、文化学等多个学科范畴。对社交媒体情境下旅游打卡行为动机的研究，犹如一把精准的钥匙，不仅能打开现代旅游者多样化动机的大门，还能深化对其背后路径机制的认识，为旅游动机理论注入新的活力，同时在个体心理、社会身份构建以及文化传播等多个层面带来更为深刻的理解。

在全球化的大背景下，不同地域文化的差异性和独特性对旅游者产生了强大的吸引力。社交媒体为文化的传播和展示提供了一个广阔的平台，各种文化元素通过图片、视频、文字等形式在网络上广泛流传。当旅游者看到打卡者具有深厚文化底蕴的旅游打卡内容时，游客内心深处对文化探索的欲望被激发。因此，旅游打卡揭示了现代旅游者多样化的动机，丰富了旅游动机的理论内涵，并在个体心理、社会身份构建以及文化传播等多个层面带来了更为深刻的理解。当下的研究需要进一步深入探讨旅游打卡行为动机的复杂机制，结合多学科的研究方法，为旅游学理论的发展和旅游实践的指导提供更加全面和深入的支持。同时，旅游从业者也可以根据这些研究成果，制定更加精准的营销策略，满足不同旅游者的动机需求，推动旅游业的可持续发展。

（2）实践意义

首先，该研究提升社交媒体背景下旅游目的地管理与营销策略。

在社交媒体时代，旅游打卡行为已经成为一种广泛且具有影响力的社会现象。深入研究旅游打卡行为背后的动机和需求，对于旅游目的地的管理与营销具有重大的实践意义。通过精准把握游客的多样化需求，旅游业者能够制定出更具针对性的营销策略和产品设计，从而提升旅游目的地的吸引力和竞争力，实现旅游业的可持续发展。基于对旅游打卡行为动机和需求的了解，旅游业者可以对目标客户群体进行精准定位。对于追求冒险的游客群体，旅游业者可以将营销重点放在具有挑战性和刺激性的旅游项目上，如攀岩、跳伞、深海潜水等。通过在社交媒体上发布相关的精彩视频和图片，展示这些项目的魅力和安全性，吸引目标游客的关注。而对于寻找社交互动的游客群体，营销活动可以围绕社交属性展开，如组织旅游派对、交友活动等，并在宣传中强调这些活动能够为游客提供结识新朋友的机会。

旅游打卡行为背后的动机丰富多样，不同的游客群体有着不同的打卡目的。部分游客是为了追求新奇和刺激，他们渴望探索未知的地方，体验独特的旅游项目，通过打卡来记录这些非凡的经历，以满足自己对冒险和挑战的追求。另一部分游客则更注重社交互动，他们希望在旅游过程中结识新朋友，与同行者分享快乐，通过打卡在社交媒体上展示自己的旅游生活，获得他人的关注和认可，从而满足自己的社交需求。还有一些游客是出于文化体验的动机，他们热衷于了解不同地区的历史、文化和风俗，通过打卡文化景点来丰富自己的知识和阅历。准确了解这些动机和需求是旅游业者制定有效策略的基础。只有深入挖掘游客的内心需求，才能真正把握市场的动态和趋势。通过问卷调查、访谈、大数据分析等方法，旅游业者可以收集大量关于旅游打卡行为的信息，从而深入了解游客的喜好、期望和痛点。例如，通过分析社交媒体上的旅游打卡内容和评论，能够发现游客对旅游目的地的关注点和满意度，进而为后续的管理和营销决策提供有力依据。

其次，该研究促进相关产品开发和旅游服务质量创新。

旅游打卡现象并非仅仅是简单的拍照留念，它背后隐藏着游客对旅游目的地、旅游项目的偏好和期待。通过对旅游打卡的照片、文字描述以及相关话题讨论的分析，旅游企业可以挖掘出游客感兴趣的元素，如独特的景观、新奇的活动、个性化的体验等。例如，社交媒体上大量游客在某座古老城堡前打卡，并分享城堡内神秘的历史故事和精美的建筑细节，这就表明游客对具有历史文化底蕴和神秘氛围的旅游景点有较高的兴趣。旅游企业可以根据这些信息，开发与之相关的旅游产品和服务。

　　当旅游企业能够根据旅游打卡现象及其动机开发出符合游客需求的产品和服务时，游客的满意度自然会得到提升。满意的游客更有可能成为忠诚的客户，他们不仅会再次选择该企业的旅游产品和服务，还会向身边的亲朋好友推荐。这种口碑传播在社交媒体时代具有强大的影响力，能够为旅游企业带来更多的潜在客户，形成良性循环。因此，不同的旅游打卡动机对应着不同的市场需求。对于那些出于追求自我实现动机而打卡的游客，旅游企业可以开发具有挑战性和成就感的旅游项目，如极限运动体验、高难度徒步旅行等。以跳伞项目为例，游客在完成跳伞后会迫不及待地在社交媒体上打卡分享，这种独特的体验满足了他们挑战自我的心理需求。

　　在社交媒体的影响下，游客的心理和情感需求处于不断变化之中。一方面，游客越来越注重个性化和差异化的旅游体验，他们不再满足于传统的跟团游模式，而是希望能够根据自己的兴趣和时间自由地探索旅游目的地。另一方面，游客对旅游过程中的情感体验也更加重视，他们希望通过旅游获得快乐、放松、感动等积极的情感。旅游企业需要密切关注这些变化，及时调整产品设计策略。为了满足游客对个人体验的追求，旅游企业可以开发定制化的旅游产品。此外，旅游企业还可以在旅游产品中融入更多的互动元素，让游客能够深度参与旅游过程，增强个人体验。通过洞察旅游打卡现象及其动机，旅游企业能够更好地了解游客的需求，开发出更具吸引力的产品和服务。同时，理解游客心理和情感需求的变化，有助于设计出既能提升个人体验又支持社交互动的旅游产品。在营销实践中，旅游企业可以采用品牌故事营销、互动式营销活动和跨界合作营销等创新策略，提高游客的满意度和忠诚度，在激烈的市场竞争中脱颖而出。

最后，该研究推动了旅游业可持续发展。

在社交媒体蓬勃发展的当下，旅游打卡已成为一种广泛流行的旅游行为模式。游客热衷于在旅游过程中通过拍摄照片、视频等形式在社交媒体上分享自己的旅游经历，以此标记自己的旅游足迹。然而，这一现象在发展过程中也衍生出过度美化和商业化等一系列问题，对旅游目的地的可持续发展构成了挑战。对旅游打卡现象进行深入研究，不仅有助于解决这些问题，推动旅游业的可持续发展，还能在满足个体社交与文化需求的同时，促进社会整体的文化融合。

旅游打卡内容往往经过精心筛选和修饰，存在过度美化旅游目的地的实际情况。这种过度美化会导致游客产生过高的心理预期。当游客到达旅游目的地后，发现实际情况与社交媒体上展示的内容存在较大差距，就会产生失望情绪，进而影响游客的满意度和对旅游目的地的口碑评价。长此以往，会损害旅游目的地的形象和声誉，降低游客的重游率，对旅游业的长期发展产生负面影响。此外，过度美化还可能吸引大量游客前往原本承载能力有限的旅游目的地，造成游客过度集中。这不仅会给当地的基础设施和公共服务带来巨大压力，还可能破坏当地的生态环境和文化氛围。

因此，研究旅游打卡现象有助于政策制定者和旅游管理者重新审视旅游目的地的发展定位和发展模式。根据旅游目的地的资源特色和文化内涵，制定差异化的发展策略，避免过度商业化和同质化竞争。此外，还可以结合可持续发展的理念，推动旅游目的地的绿色发展。鼓励发展生态旅游、低碳旅游等新型旅游模式，减少旅游活动对环境的负面影响，实现旅游资源的可持续利用。虽然旅游打卡现象带来了过度美化和商业化等挑战，但通过深入研究这一现象，可以为政策制定者和旅游管理者提供改进管理和发展策略的方向，保障旅游资源的长久利用和可持续发展。同时,旅游打卡研究还能满足个体的社交和文化需求,助力个体实现自我价值,推动不同文化之间的交流和融合,促进社会整体的文化发展。在未来的研究和实践中,应进一步加强对旅游打卡行为的关注和研究,不断探索解决问题的有效途径,推动旅游业朝着更加可持续、健康的方向发展。

1.2 研究内容与方法

1.2.1 研究内容

社交媒体时代,个体的生活空间由现实空间向媒介空间迁移。传统旅游行为作为具身体验的重要形式,也存在基于符号化的形式向网络空间转向。旅游个体从沉浸式旅游体验过渡到社交媒体空间的打卡行为,代表了旅游行为已经突破传统的旅游空间,大大拓展了旅游的实现边界。网红旅游景点作为数字媒体背景下衍生出的新式旅游概念,已经成为潜在游客旅游出行的重要选择,探索游客对网红景点的旅游意向对当下旅游业复苏有着重要的意义。

(1)旅游打卡作为一种潮流,并不等同于一般意义上的旅游分享。两者存在以下差别。首先,分享是个体在旅游后的继发性行为,而打卡是受特定力量牵引的仪式化行为,打卡的心愿产生于旅游活动之前,具有明显的动机前置并影响对景点的选择。其次,相比旅游分享,游客在打卡的过程中,展示内容产生了异化。例如,对景点展示物(旅游吸引物)进行美化,以及向不同的群体选择性展示。最后,个体的旅游打卡行为对打卡地传播起到了循环加速的作用。可见,旅游打卡与旅游分享存在很大的差异,但现有文献对旅游打卡的研究还处于现象表面,并未系统揭示旅游打卡现象的实现路径。那么，吸引个体打卡的驱动力是什么？旅游打卡具有强大力量的原因是什么？这些问题对于推动旅游和游客行为的研究具有重要的价值。研究二聚焦于旅游打卡现象，采用扎根理论研究的方法，基于 S-O-R 理论探索打卡地特征（S）、打卡动机（O）、打卡意愿（R）的路径关系，揭示出不同的打卡驱动路径，从动态性的视角构建旅游打卡实现路径，为旅游发展和旅游营销提供决策依据。

（2）研究指出，78.3% 的个体会在社交媒体上分享旅游体验，而49.1% 的游客会通过社交媒体来获取旅行决策信息（Fotis et al., 2012）。社交媒体作为重要的信息来源对潜在游客的信息刺激是否存在差异？例如，消费者自我建构可以预测社交媒体平台的使用（Chu et al., 2015），网红旅游景点在社交媒体传播过程中，潜在游客对旅游信息来源（朋友圈 VS 旅游博主）的采纳是否受到自我建构的影响？研究一将自我建构理论扩展到旅游信息来源采纳决策研究中，探讨独立型自我建构和依存型自我建构在网红旅游景点信息来源采纳中的作用机制，为网红旅游景点的有效传播提供实证理论支持。具体解决三个问题：第一，网红旅游景点信息来源不同，对潜在游客旅游意向的影响是否存在差异？第二，信息来源对旅游意向的刺激中，潜在游客的旅游动机是否存在调节效应？第三，信息来源对旅游意向的刺激中，潜在游客的自我建构是否存在调节效应？最后所得的结论对当下旅游业的复苏有着重要的理论和实践意义，并为网红旅游景点的有效传播提供实证理论支持。

（3）旅游打卡通过网络平台体现出了旅游的符号价值，也是旅游个体对旅游消费价值的超越与偏离。以往研究归纳了个体对旅游打卡的追求和目的，明确了旅游打卡的多重消费价值，并且区别于一般的旅游行为。但先行文献缺少对打卡目的地特征的整体归纳，以及对打卡路径的实证检验。研究三从动机视角解读个体旅游打卡的实现路径，基于

S-O-R 理论（Cheng et al.，2022），实证打卡地特征（S）、打卡动机（O）、打卡意愿（R）之间的路径关系，构建旅游打卡"刺激—机体—反应"机理模型，从实证角度了解旅游打卡现象的内在机理，系统验证旅游打卡的路径，为新式旅游模式的发展提供参考。

综上所述，三部分研究内容分别关注于社交媒体对旅游信息采纳的影响机制、旅游打卡现象的本质及其驱动力、旅游打卡的实现路径。这些研究从不同视角深化了对现代旅游行为的理解，并为旅游业的实践提供了重要的理论支持。

研究一基于扎根理论，构建了旅游打卡的驱动路径与循环机制模型，实证了打卡地特征（刺激因素）、打卡动机（机体反应）与打卡意愿（行为反应）之间的路径关系。此研究不仅从理论上丰富了旅游打卡现象的理解，也在实证层面提供了验证依据，明确了现代旅游者在打卡行为中的动机和表现，对于新式旅游模式的发展具有指导意义。以上研究有望为旅游业的发展提供多角度、多层次的学术和实践见解。研究内容不仅强化了对旅游行为的理论理解，还为旅游产业在新时代下的创新和发展提出了实用指导和策略建议。

研究二探讨了社交媒体作为旅游信息来源的影响差异，特别是潜在游客在面对不同信息来源时的行为差异。研究提出了自我建构理论的扩展应用，分析独立型与依存型自我建构如何在社交媒体环境下影响游客对信息的采纳决策。通过考察网红旅游景点信息来源对于潜在游客旅游意向的影响，进一步探讨了旅游动机和自我建构在其中的调节效应。该研究为网红景点的传播策略提供了新视角。

研究三聚焦于旅游打卡现象，揭示了旅游打卡作为一种仪式化行为与一般旅游分享之间的显著差异。旅游打卡不仅反映了个体在社交媒体上的展示行为，而且成为景点传播的加速器。通过 S-O-R 理论模型揭示

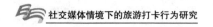

了打卡地特征、打卡动机和打卡展示路径之间的关系，从动态视角构建了旅游打卡实现路径模型。这为理解旅游打卡的驱动力和推动旅游市场营销策略提供了实证基础。

1.2.2　研究方法

本书采用定量和定性相结合的研究方法，在大量研读文献和理论的基础上，构建理论模型。为保障研究结论的准确性、规范性和严谨性，采用如下方法。

（1）文献分析法

文献分析法主要指搜集、鉴别、整理文献，并通过对文献的研究形成对事实的科学认识的方法。本书是建立在大量文献研究的工作基础之上，首先，通过阅读国内外相关研究文献，掌握当前旅游营销领域的研究现状以及目标理论的内容，为后续研究设计的提出和实施提供坚实的理论准备。研究过程中，进一步检索国内外文献数据，借助 Citespace、Histcite 等文献分析软件，绘制出现有文献的知识图谱，分析理论发展脉络与演化趋势，继续优化研究概念模型。其次，团队继续深入实地进行社区民众和游客的扎根理论访谈工作，对调研收集到的各类数据与笔记记录，基于三级编码方法进行理论模型构建与修改，提出对社会线索的分类表征方式以及相关中介变量、调节变量测量的新角度，为全面展开研究模型做好准备。

（2）定性研究法

扎根理论是最适于进行理论建构的定性研究方法，可以为旅游传播及其与圈层的互动效果提供新的研究视角，通过对现象和事件的观察，探索出旅游打卡的内在和外在动机，及旅游打卡现象的内在机制。选取旅游打卡的潜在游客为研究对象，主要探索媒体传播因素和圈层因素对打卡动机向打卡意向转化的路径。通过访谈的方式建构理论，自下而上、从原始资料归纳总结形成概念、建立概念联系到建构旅游打卡的理论路径，形成旅游打卡行为动机路径模型。选取对旅游打卡具有一定了解的年轻消费者群体，通过采用访谈法收集数据，访谈尽量选择在自然情境下开展。

（3）情景实验法

本专题利用情景实验的方式，模拟真实情境或打卡地现场调研，在经过设计的特殊情境中观察被试完成旅游打卡任务的情况，从而评估旅游打卡的内在外在动机和打卡意愿之间的相关联系。情境实验法比较接近游客的行为动机实际，易于实施，又兼有实验法和观察法的优点。研究基于 S-O-R 理论，实证打卡地特征（S）、打卡动机（O）、打卡意愿（R）之间的路径关系，检验旅游打卡情境下个体旅游打卡"刺激—机体—反应"机制模型，检视社交媒体情境下旅游个体的行为变化，以期为新式旅游模式的发展提供理论与实践参考。基于现有研究结合前文研究二的扎根理论结果，以打卡地特征（内在特征 VS 外在特征）为自变量、打卡动机（内在动机 VS 外在动机）为中介变量、打卡行为（打卡地情感 VS 打卡意愿）为因变量，构建旅游打卡现象的行为路径机制模型，并追加分析个体旅游涉入度在模型中的调节作用。

（4）问卷调查法

通过现场调研的方式进行实证检验。借鉴先行研究中的成熟量表，评估打卡地的特使属性和打卡意愿之间的相关联系。利用控制调查的方式对所研究的问题进行度量，从而搜集到可靠的资料的一种方法，具有易于实施又兼具调研观察和数据分析功能的双重优点。本部分以旅游打卡的游客为对象，主要采用 SPSS、AMOS 等分析软件进行数据处理，利用结构方程模型对游客动机、行为意愿影响模型以及中介、调节效应中

各变量之间的关系进行显著性检验，为旅游运营提供合理的对策及建议。

1.3　研究框架与技术路线

1.3.1　研究框架

本书采用定性与定量研究相结合的方法，聚焦于旅游打卡现象，从打卡地属性、打卡动机、打卡呈现等视角出发，刻画在旅游打卡情境下，游客出游动机和出游行为的机理模型。有助于探索传统旅游向智慧旅游过渡过程中的新式旅游模式的发展，进一步提升旅游产业发展的总体质量和综合素质，增强旅游业的竞争力、发展力和创新力，为实现旅游业高质量助力。本书的主体内容分为六个部分，研究的主线将根据社会学研究领域的重要手段和严谨的统计方法展开。具体研究内容如下。

（1）绪论

绪论部分主要介绍研究背景与意义、研究内容与方法、研究框架与技术路线、研究的创新点等内容。同时阐述项目进行中，应用的研究方法、创新点，并介绍了项目的三个核心研究内容，分别从旅游打卡的信息来源、打卡路径的实现机制以及旅游打卡的多重动机三个层面展开定性和定量研究，研究的整体结论对旅游业的发展提供了理论与实践启示。

（2）文献综述

文献综述部分分别从旅游打卡的产生与内涵、旅游打卡中的媒介效应、圈层效应，以及旅游打卡的相关诱因等方面展开了梳理。内容从打卡实现的现实条件，引申到打卡发生的媒介效应、圈层效应，梳理了从传统旅游行为的实体空间情境到旅游打卡的虚拟场域空间的具体表现，总结了旅游打卡的相关诱因主要体现在个体的表演行为、个体的多重动机、从众因素、群体认同、意见领袖、仪式感等多个方面。

（3）研究一：社交媒体上旅游打卡的驱动路径与循环机制——基于扎根理论的研究

围绕是什么驱动了旅游打卡以及旅游打卡为什么具有强大的力量等核心问题，通过扎根理论研究，揭示了旅游打卡驱动路径与循环加速机制。研究发现，旅游打卡分为两条路径：由外部因素驱动外在动机的外部驱动路径和由内部因素驱动内在动机的内部驱动路径；不同驱动路径还通过影响展示范围和美化程度的展示决策反作用于打卡地特征，形成旅游打卡循环加速的机制。结果揭示了旅游打卡的驱动路径和循环加速机制，为理论建构和社交媒体旅游口碑的研究提供了新的视角。

（4）研究二：信息来源和旅游动机对网红景点旅游意向的影响

基于网红旅游景点信息来源特征的可信性和专业性两个具有代表性的维度属性，在不同的旅游动机和自我建构的情境下，通过三个实验情境检验网红旅游景点信息来源对潜在游客旅游意向的影响。

（5）研究三：旅游打卡地属性对打卡意向的实证研究

基于动机视角，考察了旅游者景点打卡过程中，打卡地特征、打卡动机以及打卡意向意愿之间的路径关系，构建了旅游打卡影响机理及行为路径模型。结果证实打卡地特征会唤起个体不同的打卡动机；内在动机触发个体对打卡地的情感，并影响其打卡意愿，而外在动机仅对打卡地情感产生正向影响。旅游涉入度在打卡地特征对打卡动机的影响路径中起到部分调节作用。结果论证了内在动机和外在动机在旅游打卡中的多重中介作用，明确了旅游打卡现象的形成机理，为旅游行为研究提供了理论依据，同时也为新式旅游模式的发展提供了实践指导。

（6）总结与展望

最后一部分归纳了本书三个核心内容的具体结论、研究贡献、局限

性以及未来展望，并呼吁旅游打卡现象应该引起国际学者和旅游企业的重视，共同为世界旅游发展和推进旅游事业做出贡献。

1.3.2　研究提纲

研究提纲和技术路线见图 2。

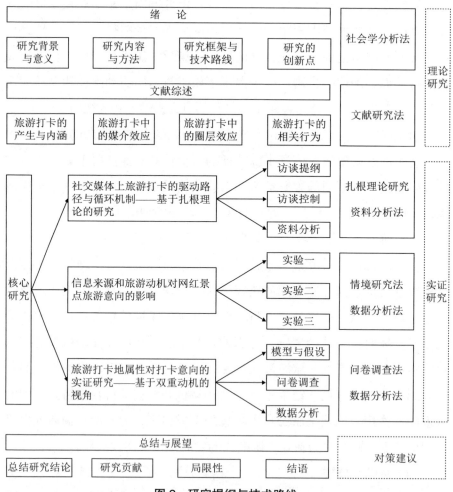

图 2　研究提纲与技术路线

1.4　研究的创新点

旅游业的高速发展成为许多国家和地区的重要经济支柱之一。在这个过程中，旅游者的行为和需求也发生了显著变化。本书将对旅游打卡的研究背景进行详细探讨，从其发展历程、动机、社会影响和相关问题等方面展开论述。具体的创新点如下。

（1）选题视角创新

以旅游打卡现象为导向，深度挖掘旅游打卡的影响因素、旅游消费者的打卡动机及打卡行为之间的逻辑关系。旅游打卡是圈层凸显个性化的方式，选题与旅游业的发展方向并行，有助于旅游产业理论基础与实践探索的丰富和完善。通过这样视角的创新，不仅有助于对现象背后机制的研究，还能够为旅游业的营销策略和目的地管理提供新的思路和方法。

（2）研究方法创新

运用定性和定量研究相结合的方法更有益于开展旅游社会学的相关研究。质性研究因其灵活性和深度分析的能力而在很多领域得到广泛应用，在旅游打卡现象的研究中，定性研究可以提供独特的见解和细致的分析，也可以为研究提供坚实的理论框架和丰富的背景信息。深度访谈可以通过与旅游消费者、行业专家等的深入交流，了解他们的打卡动机和影响因素。案例分析通过对具体旅游打卡现象的详细研究，为理论验证和模型构建提供实际基础。定量研究主要采用量化的方法，通过 AMOS、SPSS 等统计软件进行数据分析，检验参与主体之间的逻辑关系及模型假设的合理性，从而为新型旅游模式的发展提供实证支持。

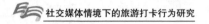

（3）研究内容创新

　　基于社交媒体下的旅游打卡的诱因、动机、传播路径展开研究，构建包括理论路径、产业实践、游客模式发展等深度融合的多维实施路径模型，具有现象逻辑的自洽性，特别是对旅游业发展与旅游营销具有创新性启示。通过对实际案例和广泛数据的实证分析，研究将揭示旅游打卡背后复杂的社会、经济和文化因素，提供对旅游企业和目的地管理者有益的策略建议，促进旅游业的可持续发展。

第 2 章

文献综述

2.1 旅游打卡的产生与内涵

　　旅游打卡现象是在多个因素共同作用下产生的一个现代旅游行为特征，随着全球经济的持续增长，人们的生活水平显著提升，休闲旅游成了一项普遍存在的消费行为。一方面，随着数字技术和互联网的快速发展，使得旅游信息的获取、旅游规划和旅行中的记录变得极为便捷，线上渠道可以为游客提供随时随地记录和分享旅游体验的机会。另外，时代发展引发旅游个体个性化表达和社交认同的需求也日益增强，旅游者通过在社交媒体上分享旅游打卡的照片和视频，不仅展示了自己的独特生活方式，也获得了他人的认可和赞誉。基于此，各地旅游部门及旅游企业借助游客的个性化表达和社交认同的需求积极推广目的地，通过制造"网红"景点和打卡点来吸引潜在游客，这种有策略性的营销手段在一定程度上助推了打卡文化的兴起。

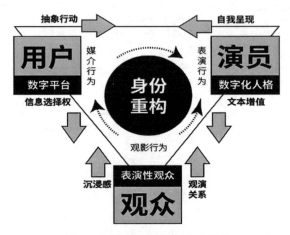

图 3 表演性观众身份重构模式

图片来源：张争，靖鸣. 表演性观众：数字化生存与电影受众的媒介身份重构

Goffman（1959）曾在著作《日常生活中的自我呈现》[①]中提出拟剧理论的概念，他将社会比作舞台，人们在日常的生活和工作中扮演着各种各样的角色，并在互动中有意或无意地运用某些技巧（如言词、表情或动作）来塑造自己在他人心目中的形象，表演性观众身份重构模式见图 3。而在网络社区情境中，互动具有非实时性、片段性交错在场的特点，使得表演者能够突破舞台设置的限定，构建出多重自我呈现方式，拟剧设置示意图见图 4。后来，拟剧理论延伸到了旅游领域形成了旅游表演理论，游客的主动参与、智力、认知、凝视等的旅游活动都包括在旅游表演理论中（Perkins & Thorns，2007）。旅游表演作为一个互动的过程，成功与否则取决于演员的技巧、演绎的情境以及观众的解读方式

---

① 《日常生活中的自我呈现》于1959年首次出版，讲述了戈夫曼对社会生活的理解，他指出：社会是舞台，人人皆演员。

（Edensor，2007），而游客与其他主体之间积极的互动关系可以增加自己旅游的身心感受（Rakic & Chambers，2012）。例如，游客发布在朋友圈的图片、文本以及位置信息等内容，都是寻求与朋友圈的观众互动和获取旅游信息反馈的重要方式。

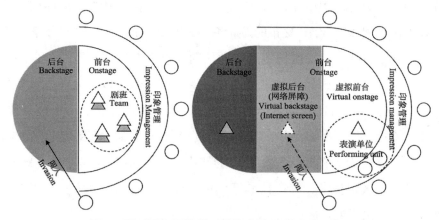

图 4　面对面和网络社区情境中的拟剧设置示意图

图片来源：张骁鸣，常璐 . 拟剧理论视角下的旅游网络社区人际互动研究——
以豆瓣网"穷游"社区为例

Schechner（2002）指出：一个人在意别人对他的观察，并有意识地调整自己的外显行为，那就是展示自己的一种表演行为。旅游打卡作为空间移动行为与观众实现场合隔离，而使用社交媒体的旅游打卡行为又实现了与观众异步性互动（Bullingham & Vasconcelos，2013），通过旅游打卡构建自我身份和个人形象。另外，旅游表演不仅要关注人（humans），还要关注非人（non-humans），人是直接的表演者，非人则强调了实物和技术（Haldrup & Larsen，2010）。例如，游客打卡中使用的相机和修图及美化技术等。同时，游客会通过出游行为对旅游地的"符号"进行收集（Urry，1995），打卡过程中，会通过不同的方式实现对旅游景点的认同与感受，达到与景点共鸣的具身体验的同时营造自身的另一种形象。

何为打卡？原本是指企业的考勤方式，即工作人员上下班时把个人考勤卡放在打卡机上记录下自己到达和离开的时间。社交媒体时代被应用到网络语境中之后，打卡衍生为对日常生活中的一种标记，是一种在网络社交平台中发布的、带有地理和时间定位的用户分享行为（Gonzalez，2008）。如微博签到，微信朋友圈带有时间和定位信息的打卡等，内容可以组合使用文字、图片、视频、外部链接、地理位置等各种手法，最常见的是图文结合的方式。借此向别人官宣自己来过某地，看过、体验过某一事物，并在时间或空间中留下印迹，寻求点赞、评论、转发等互动行为（孙玮，2020）。"打卡"现象的不断兴起，学习打卡、健身打卡、旅游打卡、美食打卡等一系列打卡模式迅速成为互联网中一种独特的文化现象。

旅游打卡不仅仅是简单的拍照和分享行为，它蕴含着丰富的文化、社会和心理层面的内涵。首先，打卡行为是个人个性和生活方式的展示。通过选择特定的景点和拍照方式，游客表达了自己的喜好和价值观。例如，一些人偏爱自然风光的打卡，一些人则更钟情于城市地标。其次，游客在社交媒体上分享旅游打卡的内容，可以获得点赞、评论和分享，从而满足自身的社交需求和虚拟成就感。每一个点赞和评论都代表了他人的认可和关注，增强了自我价值感。旅游打卡行为促进了文化的传播和交流。通过打卡，游客不仅记录了自己的旅游经历，也将所见所闻分享给更广泛的受众，传播了不同地方的文化特色和风土人情。最后，体验经济时代的旅游打卡成了一种重要的消费方式。游客通过打卡体验独特的旅行生活，将旅游景点和活动作为符号进行消费。这种行为体现了符号消费理论，即人们通过消费特定的符号来获得身份认同和社会地位。

通过拍摄和分享打卡照片的消费模式，旅游者不仅可以保存旅行记忆，充实个人的记忆库，还能够在日后回忆旅行经历时提供生动的视觉素材。旅游打卡现象的产生与内涵既反映了现代社会经济、科技和文化的深刻变迁，也揭示了人类的心理需求和行为模式的多样化。它不仅仅是数字化时代的一种新型旅游行为，更是社会文化、个性表达和社交互动的现实体现。

具体来看，旅游活动中的打卡行为是基于游客选择性使用地理位置服务（location-based-services）[①]附带发布地理定位和时间，分享自己的旅游活动和体验的一种分享模式。这种带有地理定位和时间的模式是旅游时空行为的一部分，而旅游者时空行为的研究早已受到学者的广泛关注，时间和空间两个维度的信息可以分析旅游者行为偏好和游览模式，以及讨论不同游览模式的影响因素（Lew，2002）。除此之外，先行研究中旅游者时空分析还应用到景区规划与管理（黄潇婷，2010）、产品开发与营销（Xia，2011）、旅游者情感体验（黄潇婷，2015）、旅游时空可达性（赵莹等，2017）等方面。

移动互联网的发展和各类社交媒体发展的背景下，旅游打卡这种新的旅游模式广受游客追捧，与此同时也催生了大批现象级打卡式景点。例如：摔碗酒成为西安一种特殊的文化符号，众多游客不远千里来到西安，只为体验一把摔碗酒；山城重庆的洪崖洞和穿楼而过的李子坝站轻轨则成为重庆的打卡代表，洪崖洞的配套设施面对汹涌的人流显然有些难以招架，游客需要在电梯前等待很长时间，马路都被挤成了步行街；湖南张家界的玻璃悬索桥等待人数超过 1000 位，等等。一系列景点凭借着自身强

---

① LBS 是利用各类型的定位技术来获取定位设备当前的所在位置，通过移动互联网向定位设备提供信息资源和基础服务。用户可利用定位技术确定自身的空间位置，便可通过移动互联网来获取与位置相关资源和信息。

大的网红属性，在诸多特色迥异的旅游胜地中异军突起，节假日期间的火爆程度远超普通旅游景点。规模巨大的旅游打卡群体为旅游业的发展带来了一系列的经济效应，"打卡式"旅游行为逐渐成为一种新的社会潮流。

目前旅游打卡行为研究相对匮乏，且停留在现象阐述上，没有注意到旅游打卡行为对旅游市场细分和旅游目的地营销方面的意义。学者指出，旅游打卡本质从正面肯定了该旅游方式的意义（吴学安，2019）；也有学者从体验、诚信、形象三方面否定旅游打卡（杨小玲，2019）；营造网红打卡地对提升城市吸引力有正面作用（杨伟松，2020）；打卡是一种参与式文化，也是另一种形式的资本劳动（张曦今，2020）。旅游打卡的研究从微观尺度（张子昂等，2015；陈晓艳等，2018）和宏观尺度（刘旸，2017）对游客的时空行为进行了讨论。

旅游打卡并非新鲜事物。早在明代，地理学家徐霞客游览大好河山34年，创作了一系列的散文游记，著作中对天台山、雁荡山、黄山、庐山等名山也进行了详细的刻画。当代旅游中，游客吐槽上车睡觉，下车拍照的团队旅游模式，也展现了拍照打卡的重要性。过去的旅游，是跨地域的陌生人交流，是风土人情的际遇体验。而当下的旅游打卡，更多的是记录和展示，是向周边人外显传播的特殊表现。社交媒体上旅游攻略里的详细信息，充斥着对打卡效果的各种提示，例如，出片时间、服饰穿搭、造型构图等内容，成为左右游客地点选择、时间安排、衣着搭配、拍照姿势的重要提示，成为影响游客对旅行地、旅行本身和旅行体验的重要因素。

2.2 旅游打卡中的媒体效应

旅游打卡中的媒体效应是一个多层次、多维度的现象，主要体现在信息传播、舆论影响、市场营销和社会文化等方面。在信息传播效应方面，旅游者通过社交媒体，如 Instagram、微信、微博、Facebook 等，将旅游打卡内容迅速传播到广大的用户群体。这种快速传播使得景点信息能够在短时间内被更多人知晓，激发更多人前往旅游打卡。尤其是，具有独特吸引力的旅游打卡内容，特别是那些视觉冲击力强或者富有创意的照片和视频，容易在社交网络上引发"病毒式"传播。这种传播不限于游客自身，还可能通过网友二次分享进一步扩大影响范围。在舆论影响效应方面，游客在社交媒体上分享的打卡经历相当于一种口碑宣传。正面的评价和推荐可以提升目的地的知名度和美誉度，吸引更多游客；而负面的评论则可能对目的地的形象造成损害。热门的打卡景点和内容可以在社交媒体上形成一种公共舆论导向，引导其他潜在游客的旅游决策。比如，某个新兴景点因为网络热度高而迅速成为新的旅游热点。在市场营销效应方面，旅游打卡行为无形中对目的地进行了品牌推广。借助游客自发的社交媒体分享，目的地营销部门可以节省大量的广告费用，同时获得真实的用户体验反馈，提高品牌可信度。尤其是打卡地借助策划和引导特定的打卡活动或挑战，制造热点事件吸引大量游客参与并进行网络传播，从而扩大目的地的影响力和吸引力。在社会文化效应方面，打卡内容不仅是旅游体验的分享，还包含了大量的文化元素，如地方美食、传统节庆、历史遗迹等。这些文化内容通过社交媒体传播，促进了地方文化的广泛传播和交流，形成了打卡带动地区发展的文化效应。旅游打卡的媒体效应是一个复杂且多维度的现象。通过社交媒体，旅游打卡内容不仅能够实现快速、高效的传播，还能够影响公众舆论，推动市场营销，促进经济发展和文化传播。本质上，它既是一种现代旅游行为，也是一种媒体传播现象，其影响深远且多样。有效利用这种媒体效应，可以为目的地推广、文化传播、经济发展等多个方面带来积极的变化。

同时，也需要关注和管理负面效应，促进旅游业的可持续发展。

传统旅游强调"身体在场"的真实感受，而旅游打卡则是在社交媒体上拓展旅游空间的外延，旅游打卡是传统实体照片的网络表现。社交媒体作为自我展示的途径，呈现形式体现出不同程度的趋同性（David & Marshall，2010），其目的是获取主观规范、交际、炫耀、吹嘘等种种需求的传播快感（Liu & Li，2021）。因此，游客在旅游过程中，通过拍照在旅游场景中展现自我的同时，对景点视觉文化和数字景观起到了非常重要的传播作用（Liu，2021）。

现有研究中，社交媒体对旅游行为的影响体现在以下几个方面，首先，是社交媒体对个体旅游决策的影响（Bilgihan et al.，2016）。社交媒体上旅游信息的新颖性、可理解性和趣味性持续吸引潜在游客的旅行决策和行为意愿（Chen et al.，2014），并削弱了传统目的地营销组织和传统广告的权威性（Gretzel et al.，2000）。同时，社交媒体信息的可编程性、流行性、连通性和数据化等特征逐步渗透到休闲、旅游等公共生活领域，改变了特定人群的社会规范和行为方式（Van Dijck & Poell，2013），社交媒体技术能够突破时空限制、传播迅速、互动性强的特点被广大受众所接受（Shakeel & Weaver，2016）。其次，是社交媒体对旅游动机的影响，社交媒体提高了信息的能见度，也拓展了向周围人分享旅游信息的便利（David Boto - García & Baos-Pino，2022）。旅游分享存在多种动机，例如自我提升（Oliveira et al.，2020）、吹嘘与炫耀（Liu & Li，2021）、帮助他人（Ana et al.，2014）、主观规范和内化（Santos et al.，2022）等。这些研究主要集中在社交媒体对游客自我构建及旅游价值实现方面，缺少了对旅游动机的差异演化，即从旅游行为到自我形象构建的动机转化。最后，是对个体分享行为的影响。旅游分享有助于个体释放个性和身份，并带有炫耀和表达身份的特质，这种社会性动机会导致模仿及传染效应（Bronner & Hoog，2018），这是因为社交媒体和摄影技术有助于社会比较（Lo & Mckercher，2015）。同时，分享行为又受个体需求（如享乐、声望、自我实现等）和社会层面（如面子、交际、利他主义等）的双重影响（Wu & Pearce，2016）。社交媒体的分享功能拓展了游客的体验边界，在享受线下快乐的同时，在社交媒体上通过信息的分享获得满足，培养了所谓的空间自我（Schwartz & Halegoua，2014）。

由此可以看出，现代受众的媒介依赖有增无减，从接触依赖演变为深层的内容、决策依据等重度依赖，致使媒介依赖者难以严格区分媒介中的虚拟场景与现实生活的真实场景，对其日常生活产生深远影响。《抖音文旅行业大数据报告》显示，2019 年抖音用户打卡 6.6 亿次，游客最爱打卡的国内城市是上海；国内游客最爱打卡的国外都市是首尔，乡村文旅短视频内容投稿量超过了 2963 万，总播放量超过了 805 亿。以西安为例，吸引游客的不是历史地位和文化底蕴这张文化名片，而是抖音上各类关于西安的视频和话题。而这要得益于抖音官方与西安市合作启动的文化旅游战略合作，着重利用西安的政务抖音、微信、微博以及海外新媒体平台，大量发送相关资讯，并组织新媒体达人来西安过中国年。基于充分丰富的活动组织，广泛的媒体传播，特别是新媒体短视频的自发性传播，旅游接待人数和旅游收入出现爆发式增长。

"打卡式"旅游是一种以现实为物质载体，网络为传播纽带，崇尚展现自我，跟随时尚潮流的亚文化现象（樊家军，2021）。这种流行起来的亚文化现象在新媒体技术的背景下，产生了"蝴蝶效应"的爆裂式传播。即网红景点通过某一家媒体发布，经过多家媒体反复报道，同时又在网络平台上得到了更为广泛的传播，之后受众呈倍数增长，信息传播所产生的叠加效应也不断发酵，舆论范围迅速扩大，最终使得传播受众远远超出预期，同时也可能会产生与新闻传播初衷完全不同的社会效

果。另外，随着抖音、快手、哔哩哔哩等短视频社交软件火爆曝光，小众旅游景点渐渐出现在人们视线中，一时间大批游客慕名而来，特别是在法定节假日里，这些在短视频等社交平台爆红的景点自然成为游客争相"打卡"的目标。

视觉媒体时代的信息传播逐渐融合，旅游业的融合传播趋势越来越明显，主流媒体已具备了一定的立体报道和传播能力，但新媒体的传播同时也会导致个体自我认知里强烈的无力感（于小植、雷亚平，2017）。例如：面对海量媒体信息时，潜在游客与打卡现实的可能性之间的反差导致的无力感；个体的主动感与打卡实现可能性的对比带来的无力感；个体的网络化生存只能是精神符号化的生存，而缺少行动去解决问题的无力感；等等。另外，新媒体影响力逐渐扩大，报道内容不乏断章取义、骇人听闻等特点，明显抑制了潜在游客的到访意愿（朱炳坤、佟德志，2019）。新媒体环境下个体自身对信息的随机选择也并不能满足社会交往的需求，还需要依存相应的网络圈层（于小植、雷亚平，2017）。尤其是游客情绪易感性高的潜在旅游者更容易感染媒体情绪，从而目的地感知质量低，高预期会导致强烈的负面口碑；而情绪易感性低的潜在游客则不易感染媒体情绪，情绪易感性是调节负面报道偏差对潜在游客到访意愿影响的边界条件（吴艾凌等，2019）。一系列新媒体传播过程中的媒体效应对旅游打卡的潜在游客的打卡动机及决策行为产生影响，这种影响的内在机制是什么？媒体效应对潜在游客的决策行为的影响过程中，其心理因素是如何变化的？

2.3　旅游打卡中的圈层效应

圈层效应（Social Stratification Effect）作为一种社会现象，受到社交圈子、文化圈子乃至信息圈子的种种影响。"圈层"的概念来自地质学，后来引入经济学、社会学和人类学等人类社会学领域，传播学所指的圈层既是圈子化，也包括层级化（彭兰，2019）。圈层有广义和狭义之分：广义上指基于某种缘由的社会成员通过互联网媒介平台集聚与互动，并建立维系起一个社会关系网络（朱天、张诚，2014）；狭义上指以兴趣和情感作为纽带而形成的共同体（蔡骐，2014）。在人类社会的发展进程中，圈层现象始终存在，是多种社会因素合力的结果，随着媒介技术和社交网络的发展，社会群体基于兴趣爱好、价值认同和文化习惯等形成的趣缘圈子与传统的由地缘、血缘和业缘等形成的人情圈子相比，形成机制、存在形态和社会影响有较大的差别（刘明洋、李薇薇，2020）。旅游打卡是基于社交媒体在已知的圈层中获取打卡信息和传播打卡信息，因此本书研究的范围是以兴趣和情感作为纽带而形成的共同体之间的圈层效应。

在社交媒体之前，主流媒体把控传播渠道，对社会公众的信息选择起到支配作用，主流媒体报道传播的议题会成为公众关注的一种标志性符号；而社交媒体打破了主流媒体对传播渠道的把控，促进了公众之间的横向互动，传播议题呈现分众化趋势，并逐渐形成一个个独立的圈层（刘明洋、王鸿坤，2019）。现代圈层的产生依靠的是认同理论，从本质上来讲，认同指向福利渗透、意义系统和社会组织三个方面，构成了认同的基础性条件（李友梅，2007）。圈层认同包含两个等级，一个是个体认同，另一个是社会集体的认同（周晓虹，2008）。社会认同的概念又分为两类：一类指社会公众对某一人或事物的承认、认可和赞同；另一类指从自我认同视角建构的社会认同、自我认同、民族认同、文化认同、组织认同（朱迪、王卡，2021）。打卡作为一种圈层文化理解与获取认同的行为，同样趋向于圈层认可和个人价值体现。旅游打卡中，强调的是线下线上社交网络互动下的双重抵达，与传统的实体照片存在相似之处又完全不同。

在媒介化社会中，圈层成员的社会参与度更深、更大，已成为一种新的社会集合方式，特别是随着智能化技术的发展，传播视域下的圈层同时具备封闭性、开放性、自我性与公共性并存的特点。圈层传播是一种关系，是大众媒介和社交媒介之间的一种过渡性媒介。参与者基于某种经历、背景、兴趣或者主张而形成的圈层具有自己的圈层话语体系，在旅游打卡中具备圈层属性的个体以自身为参照，是对个人主体性和意识性的体认。由于互联网空间已经不再是对空间特质的抽象想象，消费者的部分活动延伸至网络空间，圈层认同分化为基于个体在现实中的身份、社会关系和生活状况等因素形成的真实认同，和基于个体在网络空间中被复制或者是重塑的新身份而形成的虚拟认同。小众圈层文化的打卡现象不仅是寻求社会认同的过程，同时也在交互中赋予自身一种存在，"打卡"的过程一定是认同与抵抗同在（陈帅，2020）。在交互式媒介环境中，推动不同的圈层文化之间形成一种更具包容性而非压制性的社会互动，才能让各具特色的圈层文化在共生中共创未来。

在旅游业的发展和研究中，旅游者所选择的目的地和旅游方式往往与他们所属的社交圈及其所接触的信息也有很大的关联。尤其是在旅游打卡现象中，圈层效应也是一个值得关注的社会现象，它涉及不同社会群体基于兴趣、经济能力、社会地位等因素形成的特定旅游行为和文化圈层。

首先，在兴趣圈层方面。不同兴趣爱好的群体会形成不同的旅游打卡圈层。例如，摄影爱好者可能会偏向于前往景色宜人的自然景区或城市地标，而历史文化爱好者则更倾向于访问博物馆、历史遗址等。这些圈层在社交媒体上会分享与他们兴趣相关的打卡内容，吸引具有相同兴趣的人关注和参与。另外，社交媒体平台上存在大量的主题社群，如"背包客""美食探店""城市探秘"等，这些社群的成员通常会分享类似的旅游打卡内容，形成特定的圈层文化。这些社群通过点赞、评论、分享等互动方式，进一步增强了圈层内的凝聚力。

其次，在经济圈层方面。经济能力的差异塑造了不同的旅游打卡圈层。高收入群体可能更倾向于奢华的旅游体验，如高端度假村、五星级酒店及私人定制旅行，而中低收入群体则可能选择性价比更高的旅游方式，如自由行、经济型酒店等。这些差异在旅游打卡内容中得以体现，形成不同的经济圈层。因此，打卡行为不仅展示了景点，还展示了消费能力，如高档餐饮、豪车旅行等。这类打卡内容可能会吸引同样高消费能力的粉丝群体，形成一个奢华旅游打卡的经济比拼圈层。

再次，在社会地位圈层方面。旅游打卡在某些情况下，不仅仅展示的是风景和体验，还包含了强烈的社会地位认同。比如，一些人选择打卡某些高端或独特的旅游地，是为了展示自身的社会地位和品位。这种行为吸引了相似地位和阶层的人群，形成特有的社交圈层。另外，某些文化、学术或职业精英也会形成特定的旅游打卡圈层。他们可能会打卡一些具有深厚文化底蕴或学术意义的场所，如著名大学、历史名城等。这些打卡内容不仅展示了个人的品位和学识，也吸引了同样高层次人群的关注和互动。

复次，在区位圈层方面。不同地域的游客由于文化背景和旅行习惯的不同，其打卡行为和偏好也有所不同。例如，当地居民可能会分享更多独特的本地小众景点，而外地游客更倾向于打卡知名的旅游景点。这些地域差异形成了不同的旅游打卡圈层。因此，涉及特定地域文化的打卡内容也能形成圈层效应。例如，西藏的宗教文化、云南的少数民族风情、上海的现代都市风貌等，都能吸引对这些特定文化感兴趣的游客前

往打卡，形成以地域文化为核心的圈层。

最后，在代际圈层的差异方面。不同年龄段的人群在旅游打卡上的偏好和行为模式也存在显著差异。年轻人更倾向于打卡网红景点、时尚地标，而中老年人则可能更喜欢历史文化遗产、自然景区等。这些年龄层差异反映在社交媒体上，形成了代际圈层。代际差异还会形成代际互动的现象，例如，父母带孩子打卡儿童乐园、亲子旅游等家庭活动内容，也会形成特定的打卡圈层，吸引其他家庭的关注和互动。这种代际互动不仅增强了家庭成员之间的联系，也在社交媒体上传播了家庭旅游的新趋势。因此，通过分析这些圈层效应，可以更加深入地理解不同游客的旅游动机和偏好，从而为旅游目的地和营销部门提供有针对性的策略和服务。这不仅有助于提高旅游体验的质量，也可以推动旅游行业的多元化和可持续发展。

2.4　旅游打卡的相关行为

2.4.1　旅游表演行为

Popp（2012）在《度假者》(*The Holiday Makers*)一书中指出，旅游表演为游客提供了一个摆脱世俗束缚的机会，为自己创造了一个能够尝试新身份的机会，丢弃日常的面具释放真实自我。从游客表演效果的角度而言，首先，旅游表演必须是以旅游目的地为依托而进行塑造，即某个小的、特定的表演空间与完整的、广阔的旅游目的地不应该被割裂（Oskaras & Vorobjovas，2018）。即朋友的表演不会脱离打卡景点，除了打卡图片还配以位置标识。其次，旅游表演空间要满足游客的情感诉求，游客会将旅游活动视为一个情感宣泄的窗口，希望通过旅游得以暂时性地摆脱日常身份的规制、释放内心的真实情感（YU & LIU，2021）。最后，旅游表演不仅受到旅游目的地区域环境的影响，还要受到整个社会宏观大背景的调控与影响，游客旅游打卡的表演展示对旅游地发挥着生产、再造的作用，而且游客希望从观众那里获得良好的反馈（李淼、谢彦君，2012）。

Edensor（2000）则总结了游客的表演类型。第一类是规导型表演（directed performances），这一类游客会受到旅游服务人员、旅游指南、地图、电影、宣传片等因素的引导，这些因素会影响游客对旅游景点的符号构建。这类游客会被迫按照当地的空间安排、内部营销和不同景点的推广来进行他们的表演（Cheong & Miller，2000）。第二类是身份导向型表演（identity-oriented performances），这类游客倾向于从规范性的表演中分离出来标榜自己独特的身份，其目的就是将自己与大众游客严格地区分开（Riley，1988）。第三类是不守规矩型表演（unbounded performances），这类游客在旅游过程中的表演往往不愿遵守剧本、不按角色行事，就像即兴演员那样自主选择去哪里、看什么以及如何看，甚至在表演过程中产生对剧本的抵抗。通过以上表演类型的研究可以看出，不同的游客也会有不同的打卡方式，或专注于自己内心的感受，或凸显自己的表演，或炫耀自己旅游的优越感。

旅游打卡已成为现代旅游体验中的重要组成部分，其背后蕴含着丰富的社会心理因素和文化内涵。旅游表演行为是这一现象的核心，它不仅影响游客的行为方式，还塑造了旅游目的地的形象和意义。本书将从旅游表演行为的多重维度探讨其在旅游打卡中的具体表现，希望能为理解现代旅游文化提供更深刻的视角。旅游表演理论指出，旅游表演为游客创造了一个摆脱日常束缚、释放自我的机会。这种行为的动力源于游客渴望在一个新环境中尝试不同身份，从而暂时远离日常生活的角色束缚。从这个角度来看，旅游过程本身就成了一种舞台，游客通过打卡和分享照片将这一过程转化为表演。旅游打卡中的表演行为必须以旅游目的地为依托，具体的地标和自然景观成为表演不可分割的一部分。社交媒体为游客提供了一个广阔的平台来展示自己，而打卡照片配以位置标识，不仅强化了游客的存在感，还提供了一个情感表达的媒介。游客以景点为背景，通过照片、文字甚至视频，传达自己的情绪状态，这种分享行为本质上是一种以自我为中心的情感表达。

在社交媒体盛行的年代，游客打卡行为成为社会化媒体内容的主要部分之一，对目的地的形象有着直接影响。游客期待通过这种表达得到观众的积极反馈和认可，点赞、评论等互动行为反过来又影响游客对旅游经历的感知和描述。这种反馈机制促使游客在打卡时精心选择表演方式，以期获得更多的关注和社会价值的认同。旅游打卡也表现出了多样的表演类型，例如规导型表演（directed performances）是在旅游指南、地图、导游和媒体宣传引导下进行的，游客的行为往往受到一些外在因素或者管理规范的影响。这类游客通常根据旅行社或旅游指南的行程安排进行打卡，遵循传统的旅游线路和模式。他们的打卡行为被认为是对旅游景点符号化理解的表现，这种理解是通过导游词、宣传片和其他官方媒介塑造的。游客在这一过程中被动地扮演了角色，他们的打卡行为是为了记录旅途而非创造独特体验。再如，身份导向型表演（identity-oriented performances）是那些希望通过个性化表达与大众区分开的游客。他们寻求的是一种不同寻常的旅游体验，希望通过打卡展示与众不同的视角和身份。这类游客往往在社交媒体上展现自己与大多数游客不同的体验，从而凸显个性化的旅游态度。这种打卡行为往往伴随着不同的审美选择，如选择别致的照片构图、独特的色调处理或者赋予旅行特殊的文化内涵。还如，不守规矩型表演（unbounded performances）则表现为即兴创造和自我表达，游客不受传统旅游剧本的约束，按照自身的兴趣和冒险精神选择旅游经历进行打卡。这类游客在打卡过程中往往选择游离于主流景点之外的新鲜体验，或者以反常规的方式来体验和记录旅游。他们通过自发的行为和意外发现来打破旅游表演的固定框架，追求的是旅游过程中的自主选择和灵活变化。

旅游打卡行为的表演性揭示了其在现代旅游文化中的重要性。通过打卡，游客不仅记录了个人的旅游经历，也参与了目的地文化的生产和再创作。当越来越多的游客以相似方式展现景点时，这些地点所代表的文化符号也被不断再生产。在这个过程中，每位游客都是文化的消费者和生产者，他们的表演行为对目的地的文化生产具有重要价值。此外，旅游打卡还反映了社会对个体和集体身份的重塑。在社交媒体上，旅游打卡成为个人品牌建设和社会认可的重要工具。通过获得"赞"或"评论"带来的社会认同，游客的社会地位和自我价值感得到提升，进一步推动了这种行为的普及。

随着旅游打卡行为的普及，开发与管理人员应考虑如何在满足游客需求的同时，避免目的地形象的同质化和景观价值的消耗。建议包括开发新颖的旅游体验项目，丰富游客的文化体验内容。此外，通过引导游客探索非传统景点和文化深度旅游，旅游管理者可以帮助打破景点的单一化形象，推动对目的地更全面的文化理解和体验。总之，旅游打卡行为中的表演性不仅展示了个体对于新身份和真实自我的不断探索，也反映了游客试图通过社交分享增强社会地位和获得身份认同的复杂心理动机。在新的社会文化背景下，理解旅游打卡中的表演行为，不仅有助于探索现代旅游文化的形成机制，还为目的地管理和旅游产品开发提供了重要的思路。未来的研究可以进一步关注旅游表演行为在不同文化背景中表现出的差异，以及其对全球旅游文化的整体影响。

2.4.2 从众行为

从众是指按照他人的行为而做某种行为的社会现象（Banerjee，1992）。社交媒体背景下，潜在游客同样会根据圈层内的他人打卡行为，而做出相同或相近的旅游打卡决定。这种模仿、效仿他人打卡的行为也可以称为从众心理。在信息采纳和持续使用的研究中，消费者在采纳和使用信息技术时，会模仿他人做出相同决策或选择。而且，在信息不完全、不对称的情况下，只要决策人数超出一定比值更容易产生从众行为（Sun，2013）。另外，信息量大的前期决策者（Moore，1991）、领头羊（Bikhchandani & Hirshleifer，1992）等被称为意见领袖的人更容易被普通人模仿。社交媒体时代的互动行为更加广泛，且信息传递速度的加快，点赞、转发、评论等信息互动模式能够更好地对从众行为进行解释。

旅游打卡行为的火爆很大程度上受到从众心理的影响。在社交媒体的推动下，从众行为已不再是简单的个人决策，而是一种复杂的社会现象。旅游打卡中的从众行为不仅体现出个人对群体行为的模仿，还揭示出信息传播对游客决策的巨大影响。从众行为是指个体因为群体压力或者社会影响，倾向于模仿他人行为的一种现象。在旅游情境中，尤其是在旅游打卡这一现象上，从众行为显得尤为突出，因为游客常常受到周围环境和人群的显著影响。社交媒体如微信、微博、Instagram 等，提供了强大的信息传播通道，游客可以实时分享和获取信息。通过这些平台，潜在游客可以查看朋友、网红或意见领袖的旅游经历以及他们的打卡记录，从而影响自己的旅游选择。在这样的环境中，从众行为使得游客的决策过程不再是孤立的，而是深受社交圈层的互动影响。

研究指出，信息不对称是从众行为的重要诱因之一。Sun（2013）指出，当信息不完全或信息量不足时，个体更容易产生从众行为。因为在

缺乏足够信息以做出明智决策的情况下，个体往往会选择追随他人认为
正确的行为，这在旅游打卡中表现得尤为明显。当游客对某一目的地或
景点了解不多时，他们容易被他人的选择所引导。例如，当一个景点被
大量游客打卡时，即便这些游客本身可能没有直接经验或者利弊评估，
潜在游客还是倾向于认为该景点值得一游。意见领袖也是从众行为中的
关键因素，在旅游打卡情境中，意见领袖的因素也同样适用。意见领袖
通常是那些信息丰富、旅行经验丰富的人，如知名旅行博主、网红或社
交平台上的高影响力人物（Moore，1991；Bikhchandani & Hirshleifer，
1992）。这些人物通过他们的影响力，引导大批粉丝和观众按照他们的
旅游线路进行打卡。这种引导作用不仅体现在选择目的地上，还包括对
景点体验的具体呈现，如拍照地点、打卡姿势等。对于普通游客而言，
效仿意见领袖的旅游打卡行为不仅降低了信息不对称带来的风险，还满
足了他们对流行趋势的参与感。除此之外，社交媒体上的点赞、转发、
评论等互动模式，不仅加速了信息的传播，更深刻地塑造了从众行为的
形成和蔓延。通过点赞和评论，用户无形中强化了某些特定景点的吸引
力，使得这些地方在潜在游客眼中显得更加值得一游。转发行为则进一
步将这些信息扩散到更广泛的受众群体中，增强了景点的流行度和吸
引力。

　　综上所述，从众心理主要表现在对选择何处打卡的影响，以及如何
在目的地呈现自身旅游经历的选择上。首先，许多游客在选择旅游目的
地时，更多考虑的不是个人兴趣，而是这些地方是否在他们的社交圈中
广受欢迎。尤其是在热门旅游季节，某些目的地因为被大量游客打卡而
成为"必去之地"。这种从众行为不仅促进了旅游行业的规范化，也在
某种程度上造成了旅游同质化现象。其次，游客在打卡时的表现形式，
如拍照的地点、姿势、文案等，也往往遵循某种约定俗成的规范。从众

行为在旅游打卡的深层次表现为通过模仿他人的行为自我定位，从而增强和周围人的联结。因此，从众行为对旅游业有着深远的影响。一方面，它推动了某些景点的热门化，使得这些景点因人流量的增加而获得了短期商业利益。另一方面，从众行为也可能导致旅游资源的过度开发和局部过载现象，影响景点的长期可持续性发展。同时，从众行为可能使得一些同样具有文化和历史价值的非主流景点被忽视，从而使得旅游业的分布变得更加集中而单一。

为有效引导从众行为带来的影响，旅游管理者需要关注以下几个方面。首先，应提高对景点的宣传策略，平衡热门景点和非主流景点的旅游流量，使游客在选择过程中不仅受到从众心理的影响，也能根据个人兴趣探索更多样的旅游体验。其次，应在景区管理中加强可持续发展理念，避免由于从众行为导致的资源过度使用和景区环境压力。总之，从众行为在旅游打卡中的作用，不仅揭示了个体决策受社会环境和信息影响的复杂性，也强调了社交媒体在现代旅游决策中的核心作用。理解从众行为对旅游打卡的影响，能够帮助旅游管理者和政策制定者设计更有效的旅游战略，推动旅游产业的可持续发展。在社交媒体时代，如何引导合理的从众行为，以实现旅游体验的优化和产业的健康发展，仍是一个值得深入研究的课题。

2.4.3　群体认同行为

群体认同是指个体通过对自我和已有群体成员的特性认知，会自动归属到具有相似特性的群体中，并做出类似于该群体成员的行为（虞佳玲，2020），并且，个体会基于群体认同在顺从、认同、内化三个方面有意或者无意地受到群体成员的影响（Kelman H C，1958）。个体在接受他人影响之后，为了建立和维持与他人或群体彼此强化的关系，采用社会认同的方式来表明群体内的圈层归属。关于认同的先行研究中，多采用认知认同、情感认同、意向认同、个人认同、社会认同等维度，个人认同建立在个性形象、价值观的基础上，社会认同则取决于彰显社会地位、区分群体类型等。关于虚拟社区用户的知识共享行为受社会认同的影响（周涛、鲁耀斌，2009）、社区认同产生圈层归属感（Wang，2002）、旅游虚拟社区认同影响知识分享、社区促进和决策行为（Qu，2011）等。

旅游打卡作为当代旅游现象中的一大热点，其背后的驱动力不仅仅来自个体对旅游体验的追求，也深深根植于群体认同的心理机制之中。通过对群体认同理论的深度剖析，我们可以更好地理解旅游打卡中的社会动态和心理动因。认同理论（Identity Theory）指出，个体通过对自我和已有群体成员的特性认知，自动归属到具有相似特性的群体，并趋向于通过类似的行为表现这一归属感。在旅游打卡的背景下，这种群体认同尤其明显。个体在社交媒体上看到朋友、网红或者名人在特定景点的打卡照片时，会通过观察、模仿及内化他人的行为建立对自身的定位。因此，旅游打卡不仅是个人行为选择的结果，还是群体互动与影响的体现。

Kelman 的群体影响理论强调了态度转变的三个过程，分别是顺从（Compliance）、认同（Identification）和内化（Internalization）的过程。即个体在群体认同的影响下通常表现出顺从、认同和内化三个层面的反应。在旅游打卡中，顺从可能表现为个体即使没有强烈的个人意愿，也会前往那些在社交媒体上热门的景点进行打卡。这种行为往往出于对社交期待的顺应，期望通过加入这一流行行为而获得同侪的认可。认同方面，个体可能将自己的某些行为与群体标准进行匹配，使得自己的打卡行为与群体中占主导地位的价值观和偏好一致。例如，去那些被群体成员普遍推崇的地点打卡，以此展示自己对该群体文化和风格的融入与忠诚。内化则是一种更深层次的认同形式，在这种情况下，个体在社交媒体上所见的群体行为被纳入自己的价值体系中，打卡那些景点不再仅仅是为了迎合他人，而是成为个人自愿选择的部分。这种内化反映了群体认同对个人价值观的潜移默化影响，并成为长久行为模式的一部分。

认同可以按照认知、情感和意向等多个维度进行区分。在旅游打卡行为中，这些维度分别起着重要作用。认知认同使得个体通过对景点的群体压力和普遍接受度形成态度，从而选择进行打卡。情感认同则通过对群体内成员的情感联系和个人价值观的结合，促使个体更愿意分享打卡经历，阐述个人感受，从而增强与群体的情感联系。意向认同在某种程度上影响个体未来对旅游地点的选择倾向，个体可能在打卡之前就已经通过他人的分享和推荐形成了去某地的意向。这样，通过旅游打卡，个体不仅满足了自身的探索和体验需求，更是强化了与群体之间的联系。

认同可以按照社会认同与个人认同进行划分，个人认同建立在个性形象和价值观的基础上，而社会认同则更多关注的是个体在群体中的地位和其被接受的程度。在旅游打卡时，这两者的互动非常显著。个体通过选择与群体中其他成员相似的旅游目的地，不仅展示了对群体的归属感，也在构建自己的社会形象。通过在社交平台上展示这些经历，个体试图获得社会认可，实现其社会认同的需求。这种行为不仅是满足自我的心理需求，也是追求群体属性和社会阶层的体现。因此，旅游打卡行为空间成为个体寻求社会认同的重要场域。另外，群体认同在促进信息共享和社区活跃度方面起到关键作用。游客之间的打卡分享往往带有导向性，为尚未前往目的地的潜在游客提供了信息和灵感。这种信息共享不仅带来了信息流动，也加深了群体之间的认同感。通过打卡内容的传播，个体在虚拟空间中建构出丰富的社区认同感，为潜在游客的未来旅游决策提供了参考框架。

另外，旅游打卡中的群体认同不仅体现在个体对群体行为的模仿和追随上，更深刻地影响了个人的价值观、态度及行为选择。在当代社交媒体的影响下，旅游打卡已成为一种重要的社会现象，彰显了个体在群体中的归属和自我认同之间的微妙关系。旅游打卡不仅是一种简单的旅游记录，更是个体通过群体认同满足社会交往需求、建构个人及社会身份的动态过程。这拓展了我们对旅游行为和社会心理互动的理解，并为研究新时代的旅行模式提供了新的视角。旅游产业应该认识到这一行为背后的群体心理特征，以便更好地设计宣传策略和产品服务，充分满足现代消费者的多样化需求。

2.4.4　仪式行为

以往旅游行为作为一种实体空间情境被讨论，旅游打卡则是基于社交媒体的虚拟场域的空间发展来的，而社交媒体则成为游客释放情感能量的重要途径。在社交媒体上分享打卡照片或与他人互动评论，参与打卡话题的讨论和转发，也构成了一种社交仪式，增强了游客与其他人之间的联系和共鸣；获得他人点赞、评论和分享的回应，为游客带来的认可和社交满足，构成打卡过程中重要的仪式感体验，强化了个体在社交网络中的认同感。社交媒体技术的发展改变了个体交往的方式，而社交平台则成了个体进行自我展示和关系维系的空间（张海艳、黄越，2021）。社交媒体作为一种新的传播方式，不仅改变了游客的消费模式和旅游过程中的行为方式，在旅游发展中起到了重要的助推作用（Amaro et al.，2016）。例如：游客在旅游前，会通过社交媒体获取旅游信息和出游建议（Xiang et al.，2015）；旅游过程中，会通过文字、图片或短视频等形式与关联用户进行自我呈现与实时互动（Kang & Schuett，

2013）；旅游结束后，会将旅游体验、感受分享成为用户生成内容以电子口碑的形式进行目的地形象传播等（Luo & Zhong，2015）。旅游打卡过程中的仪式感体现在地点选择、装备准备、拍摄与分享、回忆与激励，以及社交互动等多个方面，使得打卡行为不仅仅是一种记录和展示旅行经历的简单行为，更是一种具有仪式性和仪式感的体验，为旅行增添了情感、意义和深度。通过参与和体验这种仪式感，游客可以更加深刻地感受到旅行的魅力和价值，激发对旅行的热爱和探索欲望。

以往在旅游照片共享的相关研究中，女性游客通过照片将旅游活动分享至社交媒体，向外界呈现自己的形象已经成为一种习惯，并作为自我形象的依据（Lo et al.，2011）。在旅游自拍方面的研究中指出，旅游照片和视频更能够展现身体形象，还可以存储个体亲身经历的旅游体验（Pan et al.，2014）。因此，在社交媒体的催化下，个体在虚拟空间中的自我建构与现实中的自我建构相互影响、相互融合。在社交媒体上的旅游打卡现象是个体在旅游目的地的感知体验，以照片的形式在社交媒体的虚拟空间上向外界展示自我形象的塑造行为。

总的来说，旅游打卡的诱因是多样且复杂的，涉及心理、社交、文化、经济等多方面的动机。理解这些诱因不仅有助于分析旅游打卡行为的本质，也为旅游行业提供了制定更有效的营销策略和服务措施的基础。旅游打卡作为社交媒体时代的一种典型社会现象，涵盖了展示与共享、身份认同等内涵，通过媒体效应广泛传播并引起模仿。圈层效应反映了社会群体基于兴趣、经济能力和地位形成的特定行为圈层，而多种诱因如社交认可、成就感、经济驱动等共同推动了这一现象的发展。理解旅游打卡的产生与内涵、媒体效应、圈层效应和相关诱因，对研究现代旅游行为和制定旅游营销策略具有重要参考价值。

第 3 章

社交媒体上旅游打卡的驱动路径与
循环机制
——基于扎根理论的研究

3.1　问题提出

　　互联网的发展对游客行为和旅游业发展产生了广泛而深远的影响
（Amaro & Duarte，2017），游客可以便捷地在社交媒体上即时分享旅游
体验，记录自己生活的同时，又影响着他人的旅行行为决策（Mariani et
al.，2019）。研究指出，78.3% 的个体会在社交媒体上分享旅游体验，而
49.1% 的游客会通过社交媒体来获取旅行决策信息（Fotis et al.，2012），
社交媒体背景下的旅游分享受到了更多学者的关注（Altnay et al.，2017；

Amaro et al., 2016）。有吸引力的景点借助社交媒体进行广泛宣传，以此吸引更多的潜在游客加入旅游的潮流（梁赛等，2023），这种社交媒体的潮流效应主要是由信息分享增加以及信息的可信度增加而导致的（王一华，2016）。然而，在社交媒体上出现了一种"旅游打卡"现象，游客会在不同社交媒体上宣告此景点我已"打卡"，以表示到过此处、任务或心愿已达成。这种带有强烈仪式感的"打卡行为"让一些原本没有吸引力的景点通过个体的打卡传播，短时间内刷爆社交媒体，并不断吸引大量的游客前往。而云南丽江的泸沽湖、重庆的洪崖洞等，虽然是老牌景区，但是冠名"打卡地"的标签后再度冲上热门，节假日期间的火爆程度远超普通旅游景点。更有甚者，只为了拍几张照片分享朋友圈，而前往某个景点进行打卡，美其名曰"旅游打卡"（鄢方卫等，2022）。因此，旅游打卡的兴起深刻影响了游客的动机、行为和景点的流行方式。

当下旅游打卡已成为一种潮流，并表现出对旅游景点的强大推动力。但旅游打卡并不等同于一般意义上的旅游分享，在动机前置、旅游信息呈现和对景点影响机制等方面均不相同。虽然学者对旅游分享已有广泛关注，但旅游分享并不能很好地解释旅游打卡行为，两者存在以下差别。（1）分享是个体在旅游后的继发性行为，而打卡是受特定力量牵引的仪式化行为，打卡的心愿产生于旅游活动之前，具有明显的动机前置并影响对景点的选择。（2）相比旅游分享，游客在打卡的过程中，展示内容产生了异化。例如，对景点展示物（旅游吸引物）进行美化，以及向不同的群体选择性展示。以往研究指出，个体受利他动机的影响，会分享真实的信息以供他人进行决策（Hays et al., 2013）。即使个体会对独特性特征（例如，豪华酒店、游轮旅行等）的旅游体验进行炫耀性展示，但基于内容本身所具有的炫耀性特征，分享内容仍然是真实的（O'Cass

& Mcewen，2010）。但在旅游打卡中，由于个体会对景点进行不同程度的美化，打卡内容易存在失真现象。（3）个体的旅游打卡行为对打卡地传播起到了循环加速的作用。一般旅游分享情境下，体验未达到预期会引发负面口碑和不良情绪，从而对景点产生消极的影响（胡婷、张朝枝，2023）。但在旅游打卡中，即使没有吸引力的打卡地，基于个体对打卡内容的异化和选择性展示，会吸引更多的潜在游客前往。可见，旅游打卡与旅游分享存在很大的差异，但现有文献对旅游打卡的研究还处于现象表面，无法系统揭示旅游打卡现象的驱动路径和循环加速机制。

综上所述，旅游打卡和旅游分享都是基于社交媒体产生的旅游行为，二者存在相似之处又有不同。首先，前期旅游分享的相关研究已经非常丰富，但旅游打卡的内在机制和实现路径尚未明确，深入解读两者之间的区别对旅游领域的相关研究有重要的理论价值。其次，现有对旅游打卡的研究并未深入，没有统一的范式和研究逻辑。作为一种被高度关注的旅游现象，缺乏对旅游打卡的深入解读和理论探索，深入研究旅游打卡现象有利于弥补当前研究的不足。最后，旅游打卡现象表现在个体对打卡地的特征追求、个体动机和打卡展示策略的复杂关系上，本章将揭示旅游打卡的路径关系和传导机制，构建旅游打卡现象行为机理模型，为旅游行为的相关研究提供理论和实践启示。

旅游打卡作为社交媒体上的新兴表现形式，已成了影响游客行为和旅游发展的强大力量。打卡行为在旅游中普遍存在，然而却很少有文献对其进行深入探究，吸引个体打卡的驱动力是什么，旅游打卡具有强大力量的原因是什么，这些问题对于推动旅游和游客行为的研究具有重要的价值。因此，本章聚焦于旅游打卡现象，采用扎根理论研究的方法，基于 S-O-R 理论探索打卡地特征、打卡动机、打卡展示的路径关系，揭示出不同的打卡驱动路径，从动态性的视角构建旅游打卡循环加速的机

制模型，为旅游发展和旅游营销提供决策依据。

3.2 文献梳理

3.2.1 社交媒体背景下的旅游分享行为

社交媒体的迅猛发展对旅游分享行为产生了深远影响。旅游分享行为指的是游客在社交媒体平台上发布并分享其旅游经历、照片、视频和感受的行为。这种行为不仅改变了人们获取旅游信息的方式，也深刻影响了旅游者的行为模式和旅游业的发展方向。社交媒体对旅游分享行为的影响体现在两个方面。首先，社交媒体平台为旅游分享行为提供了便捷和多样的渠道。Gretzel 等（2007）指出，社交媒体上的用户生成内容（User-Generated Content，UGC）成为游客获取旅游信息的重要来源。分享旅游体验不仅帮助他人进行旅游决策，还提升了自身的满意度和旅游体验的质感。社交媒体的互动性和即时性使得旅游信息能够迅速传播和获取，从而显著影响了个体的旅游决策过程（Xiang & Gretzel，2010）。其次，旅游分享行为与自我表达和社会认同密切相关。社交媒体上分享旅游经历已超越了简单的信息传递，而成为一种展示个性和身份认同的手段。自我决定理论表明（Ryan & Deci，2000），分享旅游体验能够满足个体的自我表达需求和社会认同的需求。旅游过程中的旅游照片和信息分享不仅是记忆的记录，更是与他人建立联系和获得社会认可的一种方式（Larsen，2008）。

除此之外，旅游分享行为对目的地形象和营销策略具有重要影响。社交媒体上的旅游分享构建和传播了目的地的形象，进而影响了潜在游客的认知和偏好。社交媒体上的正面评价和优美的图片能够显著提升目的地的吸引力，同时促进旅游流量的增加（Hudson & Thal，2013）。此外，旅游企业和目的地管理者也越来越重视社交媒体的营销作用，通过与游客互动和促销活动来吸引更多游客。然而，社交媒体背景下的旅游分享行为也带来了挑战和问题。过度依赖社交媒体分享可能导致"呈现型压力"，即为了获得更多点赞和关注而过度注重照片的美化和体验的夸张描绘（Chae，2018）。这种行为不仅可能扭曲真实的旅游体验，还可能产生负面的心理影响，如社交焦虑和自我认同危机。此外，社交媒体上的热点景点和打卡地也可能导致过度旅游，对目的地的自然环境和文化资源造成压力和破坏（Li & Ryan，2020）。

旅游分享是指个体通过媒介展示自己的旅游体验，为他人提供旅游信息并与他人产生互动的行为（陈莹盈、林德荣，2020）。现有研究指出，旅游分享可以满足个体需求（Kang & Schuett，2013；Wu & Pearce，2016）和旅游传播（李桂莎等，2019）的双重需要。与其他信息传播媒介（如旅游网站、第三方平台等）不同，社交媒体不仅可以实现原创内容分享（姚延波、贾广美，2021），还可以彰显旅游的外显属性（Bronner & De Hoog，2019），加强旅游消费活动的符号意义（李如友，2018）。对个体而言，由于旅游行为的象征性和显性消费的特征，借助社交媒体有助于释放个性和身份，这种社会性动机亦会导致模仿及传染效应（Bronner & De Hoog，2018）。此外，对于旅游传播而言，社交媒体上的旅游分享成为景区影响力的重要来源，并在吸引潜在游客和影响游客决策方面发挥着重要作用（Dedeoglu et al.，2020）。

现有文献多是将旅游分享作为旅游行为的因变量，采用实证检验的方法进行定量研究（Zhao et al.，2015；朱竑等，2020）。研究指出，旅游分享存在多种动机，如自我提升（Oliveira et al.，2020）、吹嘘与炫耀（Liu & Li，2021）、帮助他人（Ana et al.，2014）、主观规范和内化（Santos et al.，2022）等。学者们认为旅游分享是旅游后的继发性行

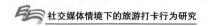

为，这些动机都发生在旅游途中或者旅游后，个体的目的是分享旅游行为及信息，拓展体验边界及呈现空间自我（Santos et al.，2022）。而有关社交媒体消费（SMCC）的研究指出，个体通过社交媒体宣传消费目标，其主要动机是寻求关注、身份信号和社会价值的需求（Envelope et al.，2023）。虽然旅行打卡是旅游分享的一种，但带有动机前置的特殊性，即打卡者是带有某种动机前往某地进行打卡的，为了达成某种打卡目的会做出不同的展示策略。

3.2.2　社交媒体上的旅游打卡行为

旅游打卡由其他领域的相似行为衍生而来。打卡原是指企业的考勤方式，即记录工作人员到达和离开的时间（王昀、徐睿，2021）。之后，"打卡"一词被应用到社交媒体网络语境中，成了社交媒体上的一种标记和签到行为（Lindell et al.，2021）。由此，衍生出了学习打卡、健身打卡、旅游打卡等一系列独特的文化现象。应用到旅游方面，是指游客会在微信、微博、抖音等社交媒体上展示自己的旅游行为，通过打卡向自己或外界做一个记录。具体的表现方式为游客通过发布旅游地理位置和时间线，实时分享旅游活动和旅游体验等，是将现实体验通过虚拟空间展示消费价值的一种默认方式（Sheldon & Bryant，2016）。另外，打卡要求身体在场，强调亲身感知，在社交媒体上形成"参与式文化"（曾一果、凡婷婷，2022）。

旅游打卡虽然引起了旅游景点运营者和媒体的关注，但对旅游打卡的规范系统研究却很少，仅有少数文献从现象及个体的角度有所涉及。有关打卡主体的研究中指出，个体打卡注重精神层面的需求，并强调符号和身份意义的构建（鄢方卫等，2022）；有关打卡地的研究中指出，打卡是一种象征性意义的活动，并非传统旅游中对景观的绝对期待（蒋晓丽、郭旭东，2020）；有关旅游消费的研究指出，打卡被视为一种个体的自我表达和身份的建构（朱灵艳，2016），并以此巩固自我社会认同感和价值观（敖鹏，2016）；也有学者针对青年群体打卡者研究并指出，打卡可以带来情感上的满足，树立求新求异的形象（柳莹，2021）。以上研究的共同点在于，个体在打卡中注重需求满足与身份构建，但忽视了打卡过程中具体的驱动因素和路径机制。此外，还缺少打卡动机和打卡行为的具体分析，打卡中个体普遍存在对打卡信息的筛选、加工、重构，甚至歪曲，并在社交媒体上呈现出旅游打卡的主观意义，其动机及行为也缺乏深入的研究。

随着旅游个体的重复打卡，景点被冠以"网红"之名，就意味着与个体之间带有某种联结性，并包含了丰富的社交活动关系（Sheldon & Bryant，2016）。打卡作为一种自我呈现的策略，也是个体对旅游行为的一种展演（Ana et al.，2014）。随着旅游打卡越来越频繁地进入社交媒体，意味着打卡地与旅游个体之间产生了某种强烈的联结性。不同个体在打卡过程中，基于动机前置和展示策略的变化，打卡地的不完美被打卡者忽略或掩盖，良性的循环传播成为打卡地持续走红的关键。

3.2.3　旅游打卡的定性研究方法

有关旅游打卡的前期研究集中在现象表面，缺乏理论构建及实践指导相关的应用，研究主题适合采用质性研究来构建相关理论，为现象的解释和形成机制提供新的研究视角（Matteucci & Gnoth，2017）。本文采用定性研究中的扎根理论方法进行理论模型构建和相关的范式研究，为旅游打卡现象的解释和形成机制提供了新的研究视角。扎根理论方法将演绎推理和归纳推理相结合，从原始访谈数据中建立理论逻辑，对概念和命题进行分类和逻辑推理（Matteucci & Gnoth，2017）。研究从旅游打

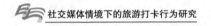

卡的现象入手，在访谈数据中建立理论，反映出打卡地属性及游客打卡动机的产生过程和游客打卡展示及实现的内在机制。扎根理论方法可以为旅游研究提供一个深入理解游客行为、比较理论和数据之间的概念以及生成具有概念逻辑的整体理论（Strauss & Corbin，1998）。

研究过程中，研究者对选择的被试（受访者）开展 30~60 分钟的深度访谈，访谈过程中征得受访者同意使用录音笔记录访谈内容。研究将采用扎根理论常用的质性分析软件 Nvivo12.0 对资料进行分析，通过开放性编码、轴向式编码、选择性编码形成个人动机的核心概念和动机影响因素的关系线，扎根理论研究过程见图 5。扎根于文本资料和故事线，通过开放式编码、主轴编码、选择编码，形成个体动机的影响因素，并分析旅游打卡个体动机的形成。

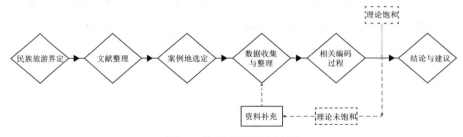

图 5　扎根理论研究过程

3.3　研究设计

3.3.1　数据收集和分析

数据采用理论抽样的方法收集，第一阶段选择对旅游打卡有一定了解，并且有过旅游打卡经历，或有计划前往某地进行旅游打卡的目标作

为访谈对象，以此提高研究的科学性和结果的可信性（Glaser，2017），
过程严格按照扎根理论研究的访谈步骤。首先，从非结构化访谈中收集
数据，探索核心概念的类别。受访者被要求回答以下问题：（a）您有过
旅游打卡的经历吗？（b）您怎么看待旅游打卡现象？（c）描绘您曾经
的一次打卡经历。

其次，在非结构化访谈的基础上，逐步发展了半结构化访谈来探索
概念类别，增加类别的密度，并确认类别之间的相关关系。半结构化访
谈的提纲包括：（a）您认为旅游打卡应包含哪些方面？（b）怎样的旅游
打卡更有吸引力？为什么？（c）您旅游打卡的目的是什么？（d）您是
如何进行旅游打卡的？分析非结构化访谈资料发现，年轻的受访者表现
出积极的态度和打卡感受。因此，第二阶段的访谈对象基于以下标准：
（1）有过打卡经历的旅游爱好者；（2）近期有旅游打卡计划的潜在游客；
（3）熟知打卡攻略的年轻游客。

第三阶段为了丰富每个类别的含义，并区分类别之间的关系，在理
论构建和样本选择方面，使用初步分析中获得的打卡地特征、打卡动
机、打卡展示等主要概念进行理论抽样，并根据理论发展的需要选择
访谈对象。最后，收集不同的案例（例如，性别、职业、年龄、收入
等），用来确认和补充访谈资料的普遍性。在非结构化访谈和半结构化
访谈过程中建立初始类别，并在第三阶段对初始类别进行了细化，直至
发展到理论饱和。访谈时间为 2021 年 10 月至 2022 年 8 月，访谈过程经
受访者同意采用录音的方式，平均访谈时间为 30 分钟，访谈后将录音
转换成文本录入 Nvivo12.0 软件进行编码分析，受访者基本情况如表 1
所示。

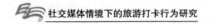

表 1　受访者基本信息

编号	性别	年龄段	职业	教育程度	月收入
S1	男	"90 后"	企业行政	研究生（硕士）	8000 元
S2	男	"95 后"	学生	大学生	—
S3	女	"90 后"	教师	研究生（博士）	8000 元
S4	女	"85 后"	行政管理人员	研究生（博士）	8000 元
S5	男	"80 后"	教师	研究生（博士）	10000 元
S6	女	"80 后"	教师	研究生（博士）	10000 元
S7	女	"80 后"	高校行政	研究生（硕士）	8000 元
S8	男	"90 后"	医生	大学生	—
S9	女	"95 后"	职业经理人	研究生（硕士）	—
S10	男	"90 后"	企业管理者	研究生（硕士）	10000 元
S11	女	"95 后"	游戏市场运营	研究生（硕士）	15000 元
S12	男	"00 后"	学生	高中生	—
S13	男	"95 后"	物业管理	本科生	8000 元
S14	女	"85 后"	高级翻译	研究生（硕士）	12000 元
S15	女	"70 后"	自由职业者	本科生	10000 元
S16	男	"00 后"	学生	大学生	—
S17	男	"85 后"	教师	研究生（博士）	10000 元
S18	女	"85 后"	教师	研究生（博士）	9000 元
S19	男	"90 后"	快递员	本科生	8000 元
S20	女	"90 后"	公务员	本科生	5000 元

续表

编号	性别	年龄段	职业	教育程度	月收入
S21	女	"90后"	公司职员	本科生	5000元
S22	男	"85后"	公务员	本科生	8000元
S23	女	"95后"	学生	研究生	—
S24	女	"90后"	企业高管	研究生（硕士）	6000元
S25	男	"80后"	美团外卖员	本科生	10000元
S26	男	"80后"	美团外卖员	研究生（硕士）	10000元
S27	男	"85后"	企业管理者	本科生	12000元
S28	女	"95后"	学生	研究生	—
S29	女	"95后"	学生	研究生	—
S30	男	"90后"	公务员	研究生（硕士）	7000元
S31	男	"95后"	学生	研究生	—
S32	男	"80后"	司机	本科生	15000元
S33	女	"80后"	企业管理者	研究生（硕士）	10000元
S34	女	"85后"	律师	研究生（硕士）	20000元
S35	男	"90后"	新媒体运营专员	研究生（硕士）	8000元

3.3.2　资料分析过程

（1）开放式编码

文章在开放式编码阶段对访谈资料进行分解、检查、比较、概念化和分类，随后以备忘录的形式在原始资料中提取相关概念，同时对原始资料进行反思和总结，形成丰富的概念库（资料S1—S35）。概念库

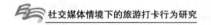

围绕"社交媒体上的旅游打卡驱动路径和循环加速机制"展开，利用Nvivo12.0对访谈录音和笔记进行初步整理、分类和归纳并逐字逐句编码，产生初始概念。初始概念提炼完毕后，将重复、交叉的概念进行合并，对初始概念进一步归纳，获得108个初始概念。例如，"从新闻上看到这里这么火爆，必须去炫耀一下啊（S03：热度→外在特征）""打卡就是图个新鲜，为了文化创意（S27：文创性→内在特征）""去别人没去过的地方，炫耀一下（S20：炫耀→外在动机）""体验一下是不是有那么好玩刺激（S26：满足好奇→内在动机）""想让全世界知道（S35：全面展示→展示范围）""肯定会进行 P 图的，不然也起不到打卡的效果（S05：深度美化→美化程度）"等；随后，对初始概念进行比较，将相似的概念分组，在更高、更抽象的层次上生成初始子类别，部分开放式编码过程结果见表2。

表 2　开放式编码

范畴	概念	原始代表语句
外在特征	美誉度	1.有些地方大家都说好，感觉不去看看说不过去，就想去玩一下（S31）。 2.都说是国内的十大旅游打卡地，不去玩可惜（S16）
	知名度	1.打卡还是要靠名气的，没有名气可能没有人去打卡的（S20）。 2.作为济州岛的代表，会在石头人那儿拍照，去这样比较著名的景点打卡（S19）
	圈层认可度	1.（周围人、朋友）都评价比较好，他们去过了，我也要去（S18）。 2.看看网络排名就知道不一般，争取第一个过去，在朋友圈秀一把（S31）
	热度	1.从新闻上看到这里这么火爆，必须去打卡一下啊（S03）。 2.朋友圈都在刷，自己也抽空跟风去了一次（S29）

续表

范畴	概念	原始代表语句
内在特征	奇特性	1. 景色比较独特，其他地方没有的，就比较吸引我（S28）。 2. 能引起我的好奇心。比如说海口云洞图书馆，我就很想去（S17）
	纪念性	1. 刘公岛作为红色旅游景区，非常具有纪念性（S30）。 2. 有些地方作为电影取景地，尤其是自己的爱豆去过的地方（S11）
	观赏性	1. 吊脚楼就很具有观赏价值，在夜景灯光的衬托下，有吸引力（S02）。 2. 有些地标就很有观赏性，例如云洞图书馆的日落美景就值得去看看（S33）
	文创性	1. 普通景点最缺的就是文化创意，打卡就是打个新鲜（S27）。 2. 有些打卡景点，就是在销售文化创意，吃好玩好就够了（S32）
外在动机	炫耀	1. 去别人没去过的地方打个卡，向周边人简单炫耀一下（S20）。 2. 满足一下虚荣心，打个卡晒个朋友圈，跟朋友们炫耀一下（S04）
	社会认同	1. 如果说（周围人）都去的话，我会想去，然后列入自己的目标（S06）。 2. 朋友点赞自己的打卡内容就感觉很棒（S5）
	交际	1. 发出来的目的就是给朋友们看的，并成为交流的谈资（S11）。 2. 分享一下好玩的地方，可以在朋友圈互相讨论（S22）
内在动机	满足好奇	1. 满足一下我的好奇心，检验一下是不是有那么好玩、那么刺激（S26）。 2. 产生这种想去或者好奇的心理，想要去体验（S01）
	自我实现	1. 参观红色旅游景区，能增加自己的文化知识面，提升自己（S21）。 2. 我会发朋友圈，记录下每一个精彩的瞬间（S25）
	休闲娱乐	1. 带着父母孩子，周末打卡放松，是进行家庭团聚的绝佳方式（S28）。 2. 平时工作忙，周末约同事朋友打卡放松，丰富一下业余生活（S16）
展示范围	全面展示	1. 让朋友圈里的人都知道我去过这个地方，让大家点赞（S09）。 2. 不能发朋友圈的旅游打卡是不完美的，想让全世界知道（S35）
	部分展示	1. 打卡展示不能过多地透露个人信息，因为比较注重隐私（S34）。 2. 自己欣赏就好了，分享在朋友圈，释放出打卡信号，我觉得比较low（S24）

续表

范畴	概念	原始代表语句
美化程度	深度美化	1. 选择好图片进行修饰，去除负面因素，用最满意的照片去向朋友展示（S14）。 2. 想要炫耀，肯定会进行 P 图的，不然也起不到打卡的效果（S05）
	普通美化	1. 自己觉得好看就行了，在朋友圈简单纪念一下，自然风光更好（S15）。 2. 达到放松的目的就够了，重点在开心，大多时候不需要过度美化（S23）

（2）主轴编码

基于开放式编码内容，将初始概念相互贯穿联系，探索初始概念之间的类属关系并挖掘各个范畴之间的内在联系，最终归纳为打卡地特征（内在特征 VS 外在特征）、打卡动机（内在动机 VS 外在动机）、展示策略（展示范围 VS 美化程度）3 个主范畴。主轴编码的目的是将数据以新的方式组合在一起，以生成现象之间关系的初步联系，明确塑造类别并澄清编码之间隐含的关系（Tan et al.，2013）。通过主轴编码，将"美誉度""知名度""圈层认可度""热度"归类为打卡地外在特征子类别。"奇特性""纪念性""观赏性""文创性"归类为打卡地内在特征子类别。"炫耀""社会认同""交际"归类为外在动机子类别。"满足好奇""自我实现""休闲娱乐"归类为内在动机子类别。"全面展示"和"部分展示"归类为展示范围子类别。"深度美化"和"普通美化"归类为美化程度子类别。详细主轴编码的结果见表 3。

表 3　主轴编码

主范畴	对应范畴	范畴的内涵
打卡地特征	外在特征	吸引潜在游客前往旅游打卡的打卡地外在特征
	内在特征	吸引潜在游客前往旅游打卡的打卡地内在特征

续表

主范畴	对应范畴	范畴的内涵
打卡动机	外在动机	游客旅游打卡的外在动机
	内在动机	游客旅游打卡的内在动机
展示策略	展示范围	基于打卡动机，打卡展示时会有不同的展示范围
	美化程度	基于打卡动机，打卡展示时会有不同的美化程度

（3）选择性编码

选择性编码的目的是系统地归纳核心类别之间的关系和理论发展的过程（Tan et al.，2013）。从开放式编码阶段与主轴编码阶段发掘的所有概念、范畴中，发掘出核心范畴。扎根理论研究范式要求核心范畴的概括性最高，能够将所有的概念、对应范畴和主范畴概括联结起来，最终以"故事线"的方式描绘出研究内容，从而构建出新的理论框架。本章对主轴编码阶段形成的 3 个主范畴和 6 个应对范畴开展具体分析，系统梳理打卡地特征、打卡动机、展示策略之间的逻辑关系，并建立研究范畴之间的作用路径，典型概念的关系结构和选择性编码结果见表 4。

表 4　选择性编码

典型关系结构	关系结构内涵	代表性语句
外在特征→外在动机→打卡意愿	外在特征驱动外在动机触发的打卡意愿	1. 从新闻上看到这里这么火爆，必须去炫耀一下啊（S3：热度→炫耀→打卡意愿）； 2. 打卡还是要靠名气的，没有名气怎么会有人给你点赞（S20：知名度→社会认同→打卡意愿）； 3. （周围人、朋友）都评价比较好，我也要去跟他们交流（S18：圈层认可度→交际→打卡意愿）； 4. 交叉路径：都说是国内的十大旅游打卡地，要实现自己的愿望，不去打卡可惜（S16：美誉度→自我实现→打卡意愿）。

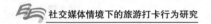

续表

典型关系结构	关系结构内涵	代表性语句
内在特征→内在动机→打卡意愿	内在特征驱动内在动机触发的打卡意愿	1. 像喀纳斯的神秘色彩，可以满足我的好奇心（S8：奇特性→满足好奇→打卡意愿）； 2. 有些打卡景点，就是在销售文化创意，去吃好玩好就够了（S32：文创性→休闲娱乐→打卡意愿）； 3. 刘公岛作为红色旅游景区，非常具有纪念性，要去接受洗礼（S30：纪念性→自我实现→打卡意愿）； 4. 交叉路径：有些地标就很有观赏性，例如云洞图书馆的日落美景就值得炫一把（S33：观赏性→炫耀→打卡意愿）。
展示策略→打卡地特征	打卡者会通过展示策略来呈现打卡内容，不同的展示内容将反作用于打卡地特征，形成打卡地传播的良性循环	1. 要让大家都知道这里有名气（S35：全面展示→知名度）； 2. 发动态让大家点赞（S9：全面展示→圈层认可度）； 3. 选择性分享给有共同兴趣和爱好的朋友一起欣赏（S13：部分展示→观赏性）； 4. 不修图谁敢发啊，热度就是这么来的（S5：深度美化→热度）； 5. 会选择好看的照片美化一下，再展现给喜欢旅游的朋友（S29：普通美化→圈层认可度）； 6. 打卡红色景点不需要美化，拍照就是纪念一下伟人的丰功伟绩（S34：不美化→纪念性）； 7. 精修一下，提高打卡地的观赏性（S13：深度美化→观赏性）； 8. 注重打卡的内涵，不一定非得发动态（S6：不分享）。

3.3.3　理论饱和度检验

理论饱和度检验是对编码过程和结果饱满程度的验证。达到理论饱和要满足 3 个条件：首先，某个类属再也没有新的或有关的资料出现；其次，研究者要根据典范模型来对类属做尽可能详细的解释，包括条件、脉络、原因、结果以及过程和变异性；最后，类属间的关系都建立妥当而且能够验证属实（Strauss & Corbin，2014）。为了保证理论饱和度检验的准确性和客观性，本章用以下方法进行检验：（a）研究过程严格遵循扎根理论的步骤，在数据收集和分析过程中采用持续比较分析，以提高数据的可验证性（Jhl A et al.，2021）；持续比较有助于缓解因线性收集数据而导致的"数据冗余"现象（Glaser，2003）。（b）在多个时间和地点进行全方位访谈，例如，实地打卡景点现场、景区景点周边等，并招募不同的访谈参与者，如学生、教师、医生等，最大限度地呈现数据的多样性，使概念的属性和维度达到完全饱和（Holton et al.，2017）。（c）访谈资料分析过程中，邀请课题组专家进行多次讨论，如编码的分类、类别之间的关系以及打卡动机和打卡行为之间的逻辑关系，然后进行相互比较和结果协商。此外，还邀请了课题组其他成员阅读所有数据文本，并确定所有数据被有效利用。本章采用以上方法来提高研究结果的可信性和可验证性，最终证明扎根理论编码结果显示的概念范畴已达到饱和状态。

3.4 核心概念的维度解析及路径分析

3.4.1 旅游打卡核心概念的构成维度

通过扎根理论研究的编码阶段，提炼出 3 个主范畴及 6 个应对范畴。打卡地特征包含内在特征和外在特征，两个对应范畴分别是驱动个体前往打卡地打卡的重要因素；打卡动机包含内在动机和外在动机，两个对应范畴是由打卡地特征驱动，并基于不同动机触发展示策略；展示策略包含展示范围和美化程度，两个对应范畴反作用于打卡地特征。下面对 3 个主要范畴及其内涵进行阐释，并推演应对范畴之间的路径关系。

（1）打卡地特征

打卡地特征是驱动潜在游客打卡的重要前置因素，打卡地特征又分为外在特征和内在特征。外在特征是指对外具有一定的美誉度、热度和知名度，并具有一定圈层认可度的景观特征，是满足潜在游客炫耀、交际和获取社会认同等外在动机的重要前提。例如，"有些地方大家都说好（美誉度）""从新闻上看到这里这么火爆（热度）""打卡还是要靠名气的（知名度）""（周围人、朋友）都评价比较好（圈层认可度）"。

内在特征是指景观本身所表现出来的内在特质，包括奇特性、纪念性、观赏性、文创性等内在景观特征，是满足潜在游客好奇心、自我实现、增加阅历、自我调整等内在打卡动机的重要前提。例如："像喀纳斯的神秘色彩（奇特性）""威海卫之战就发生在这里，就非常具有纪念性（纪念性）""传统式的吊脚楼很有观赏价值，尤其是在夜景灯光的衬托下（观赏性）""文化创意就是打个新鲜（文创性）"。推拉理论（push-pull theory）指出，推力因素和拉力因素会基于情感和经验触发个体的旅游行为（Goossens，2000），而拉力因素是将旅游目的地自身的特征及吸引物紧密相连，来影响旅游个体对目的地的选择（Dann，1977）。本章将打卡地特征分为外在特征和内在特征，是对推拉理论中拉力因素的完善和补充，更加明确了旅游打卡地吸引个体参与打卡的多个特征维度的存在。

（2）打卡动机

打卡动机作为触发潜在游客产生打卡行为的内核，在打卡地特征和打卡展示之间起到重要的中介作用。打卡动机又分为外在动机和内在动机，外在动机是满足打卡者实现炫耀、社会认同和交际的外部驱动力，是驱动打卡者触发选择展示范围和进行美化程度的前置因素。例如，"跟朋友们炫耀一下（炫耀）""希望获得点赞与评论，成为交流的谈资（交际）""朋友点赞自己的打卡内容就感觉很棒（社会认同）"。

内在动机是打卡者满足好奇、自我实现和休闲娱乐的内部动力，是打卡者实现自我需求的内在驱动力。个体旅游打卡的内在动机同样是影响选择展示范围和进行美化程度的前置因素，但影响程度相对弱化。例如，"检验一下是不是那么好玩，就想满足一下好奇心（满足好奇）""去海边打卡，就是我的一个心愿（自我实现）""打卡放松一下，丰富一下业余生活（休闲娱乐）"。动机是旅游行为产生的驱动力，旅游动机和旅游体验存在重要的联系（Pearce，2016）。在旅游打卡中，个体的外在动机和内在动机并不冲突，二者之间相互作用共同影响个体的打卡意愿，但不同的打卡动机对后续的展示策略有不同的影响。

（3）展示策略

越来越多的个体选择在社交媒体上进行自我信息及位置的展示，以此呈现个体的空间自我，通过行踪及活动展示自己的身份（Ana et al.，2014）。旅游作为一种消费活动，拍照展示是为了证明旅行计划和体验过的快乐。展示策略作为个体打卡实现的最后一步，是个体旅游打卡完成的最终表现形式。个体会通过不同的展示策略把打卡地的美景、美图和美文通过社交媒体传播出去。展示策略的形式按照展示范围又分为全面展示和部分展示，按照美化程度又分为深度美化和普通美化。

展示范围是根据个体的打卡动机，或者是个人敏感性又分为全面展示和部分展示。例如，"不能发朋友圈的旅游打卡是不完美的，就想让全世界知道（全面展示）""选择性分享给有共同兴趣和爱好的朋友一起欣赏（部分展示）"。研究指出，个体善于将自己与地方联系起来（Marom，2014）。但在打卡过程中，部分个体也会在意信息的过度暴露，而隐藏部分的展示内容，从而不透露过多的位置信息。

美化程度是根据个体自我呈现的需要分为深度美化和一般美化，美化的手段主要体现在拍照技术和个人技能（如 P 图、过度渲染等）。例

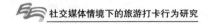

如，"肯定是要P图的，不然也起不到打卡的效果（深度美化）""自己觉得好看就行了，自然风光更好（普通美化）"。先行研究指出，个体在旅游过程中的自拍是自我导向的游客凝视行为（Dinhopl & Gretzel，2016）。因此，旅游打卡过程中个体不仅会将他们与打卡地点相关联的特征归因于自己，取悦他人的同时也会取悦自己。

3.4.2　旅游打卡的驱动路径和循环机制

本章根据原始材料，对3个主范畴和6个应对范畴开展具体分析，梳理出应对范畴之间的逻辑关系，最终构建出了打卡地特征驱动个体的打卡动机，并触发个体的展示策略，展示策略反作用于打卡地特征的循环机理模型。相关路径如下：

（1）外在特征驱动外在动机触发的打卡路径

旅游目的地特征是吸引潜在游客的重要因素（Dinhopl & Gretzel，2016），如环境、自然特征、吸引物等都会影响游客的消费及旅游体验，景观特征作为与个体的沟通媒介，一定程度上主导了旅游体验和个体行为（陈岗等，2021）。打卡地特征作为吸引潜在游客产生打卡动机的重要因素，不同的特征会驱动个体产生不同的打卡动机。

打卡地外在特征是指对外具有一定的美誉度、热度和知名度及圈层认可度的景观特征。个体根据打卡地的外在特征，在满足其炫耀、交际和获取社会认同的同时，会通过不同的展示策略来呈现自己。例如，"从新闻上看到这里这么火爆，必须去炫耀一下啊（S3：热度→炫耀→打卡意愿）""打卡还是要靠名气的，没有名气怎么会有人给你点赞（S20：知名度→社会认同→打卡意愿）""（周围人、朋友）都评价比较好，我也要去跟他们交流（S18：圈层认可度→交际→打卡意愿）"。上述资料反映出个体会通过打卡地热度、知名度、圈层认可度来达成炫耀、社会认同和交际的动机，并产生打卡意愿。因此，打卡地的外在特征，可以成就个体自我炫耀，获得圈层社会认同以及实现交际目的，并通过后续的展示策略来呈现自己的打卡经历。除此之外，部分外在特征也会驱动个体产生内在动机，以此交叉影响打卡意愿。例如，"都说是国内的十大旅游打卡地，要实现自己的愿望，不去玩可惜（S16：美誉度→自我实现→打卡意愿）"。

（2）内在特征驱动内在动机触发的打卡路径

内在特征作为打卡吸引物，需要具备奇特性、纪念性、观赏性、文创性等的内在景观特征，以此来满足个体满足好奇、自我实现以及休闲娱乐的内在需求。个体内在需求得到满足的同时，会有选择地通过部分展示和普通美化行为来完成打卡展示策略。例如，"像喀纳斯的神秘色彩，就是去满足我的好奇心（S8：奇特性→满足好奇→打卡意愿）""有些打卡景点，就是在销售文化创意，去吃好玩好就够了（S32：文创性→休闲娱乐→打卡意愿）""作为红色旅游景区，具有纪念性，想要去接受洗礼（S30：纪念性→自我实现→打卡意愿）"。上述资料反映出打卡地同样需要内在特征来满足个体的内在打卡动机，而个体的内在动机会弱化部分展示策略，即打卡过程中个体不需要特别注重并外显自己的打卡行为，即可实现内在动机的满足。

除此之外，部分内在特征也会驱动个体产生外在动机，以此交叉影响打卡意愿。例如，"有些地标就很有观赏性，例如云洞图书馆的日落美景就值得炫一把（S33：观赏性→炫耀→打卡意愿）"。由此可见，打卡地特征作为重要的拉力因素对个体的打卡动机存在多维的驱动力，交叉影响个体对打卡地的选择。

（3）展示策略反作用于打卡地特征的循环加速机制

研究指出，传统旅游分享会基于信息角度吸引和影响个体的决策和行为意愿（Chen et al., 2014）。社交媒体上的旅游打卡作为即时性的旅游行为，为旅游传播提供了更好的视角。因此，个体打卡过程中的展示策略同样会基于信息视角反作用于打卡地特征，形成打卡地传播的良性循环。

从展示范围来看，个体可选择性的展示范围为打卡地带来了更广、更有效的传播方式，为打卡地持续爆红带来了流量。例如，"不能发朋友圈的旅游打卡是不完美的""要让大家知道这里有名气（S9、S35：全面展示→知名度）"。另外，社交媒体上更容易生成圈层，圈层效应也为打卡地带来了更加精准的传播途径。例如，"简单打卡发朋友圈，选择性分享给有共同兴趣和爱好的朋友一起欣赏（部分展示→圈层认可度）"。由于社交媒体和圈层是密切相关的概念，在不同社交媒体上向不同群体呈现自己的打卡内容，可以实现非惯常环境下身份认同的构建。因此，部分展示必然带来潜在个体的模仿与追随，进一步形成行为仪式的互动与传播。

从美化程度来看，美化体现在个体对图片、文案的构思上，个体的审美及对自身的形象维持决定了展示策略中的美化程度。例如，"会选择好看的照片，美化一下，再展现给喜欢旅游的朋友（普通美化→圈层认可度）""精修一下，提高打卡地的观赏性（深度美化→观赏性）"。但是，美化程度也受到个体审美和辅助技能使用程度的限制。另外，个体在社交媒体上为了维持良好的自我呈现和自身形象（Nicole et al., 2006），会修复打卡过程中的不完美，形成旅游打卡传播过程中的良性循环。因此，美化行为作为个体的主观行为，对打卡地特征传播起到了重要作用。

3.4.3　旅游打卡现象的循环机制模型

围绕旅游打卡的实现路径，本部分内容的"故事线"可以概括为"打卡地特征是驱动潜在个体产生打卡动机的重要因素，打卡动机被唤起以后，会触发个体不同的展示策略，且展示策略会反作用于打卡地特征，形成打卡地传播的良性循环"。从核心范畴之间的关系来看，打卡地特征是唤起游客打卡动机的重要驱动力，而打卡动机是旅游打卡现象的重要内核，打卡展示作为现象完成的重要载体反作用于打卡地特征，以此形成打卡地持续走红的良性循环。根据核心范畴之间的关系，构建出了旅游打卡的驱动路径及循环机制模型，见图 6。

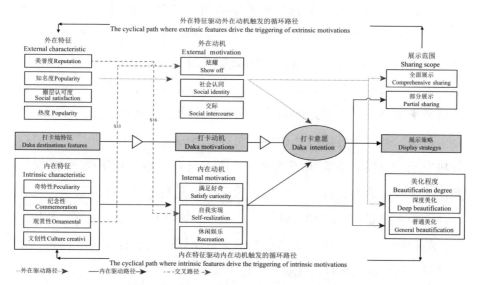

图 6　旅游打卡的驱动路径与循环机制模型

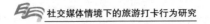

3.5　结果讨论

本节以旅游打卡者为研究对象，运用扎根理论对打卡地特征、打卡动机和个体展示策略的构成维度进行了逐步归纳，获得了个体打卡现象的两条驱动路径，形成了个体展示策略反作用于打卡地特征的良性循环机制，构建了旅游打卡驱动路径循环机制模型。从个体打卡动机视角明确了旅游打卡与旅游分享的差异，丰富了旅游营销与游客行为研究的理论基础与实践内涵。具体研究结论如下。

（1）研究揭示了打卡的两条驱动路径，分别是外部驱动路径和内部驱动路径。两条路径最终都促成游客在社交媒体上的仪式性表达行为（打卡），但驱动因素和动机却不相同。具体来说，外部驱动路径是一条社会化动机驱动的路径，游客试图满足炫耀、社会认同、交际等动机，倾向于选择具有知名度、美誉度、圈层认可度和热度等属性的景点。这条路径主要是由于社交媒体的社交属性所产生的，通过在社交媒体上的打卡行为，可以很好地满足社会化动机。而内部驱动路径则是一条内在动机驱动的路径，游客试图满足好奇心、自我实现和休闲娱乐等动机，倾向于选择具有奇特性、纪念性、观赏性和文创性等属性的景点。内部驱动路径主要是由于移动互联网的便捷性，游客可以随时随地记录和保持生活信息。两条打卡驱动路径汇集于社交媒体上的打卡展示现象，并均通过心愿完成后的仪式化表达得以呈现。

（2）不同动机驱动的打卡展示策略不同。对一般的旅游分享而言，分享展示是旅游的后继行为，是旅游的副产品（金思扬，2020）。但对于旅游打卡来说，展示则是其核心。这表现为打卡动机成为旅游的前置动机，并影响着游客对旅游景点的选择。同时，不同的动机也会表现出不同的展示策略。即个体的外在动机需要满足时，会更加注重打卡地的外显属性，并通过全面展示和深度美化的展示策略来满足炫耀、交际和获取社会认同的动机；与此相反，个体的内在动机需要满足时，注重的则是打卡地景点本身具有的内在特征，并通过部分展示和普通美化的展示策略来满足好奇、自我实现和休闲娱乐的动机。所以，相比于内在动机所驱动的展示策略，外在社会化动机所驱动的展示策略会带来更大的信息异化和展示量。研究发现，旅游打卡中的深度美化，不仅仅是旅游分享中的选择性展示，也不是个人自我展示中的美化（Chua & Chang，2016），而是对景点的多方面美化。但相比旅游信息分享带来的可信性（姚延波、贾广美，2021），旅游打卡的美化行为大大降低了分享的可信性特征，使旅游打卡成为旅游分享行为下的一种异化展示行为。

（3）展示策略作为个体打卡的核心，展示范围和美化程度在循环机制中起到了明显的放大效应。从展示内容来看，个体基于外在动机的全面展示反作用于打卡地特征，成为打卡地外在特征美誉度、知名度、圈层认可度及热度的重要反馈；同时，全面展示也会激发潜在个体的好奇心，产生交叉路径的多重影响，尤其是个体的深度美化行为，更是对打卡地内在特征和外在特征传播的主要路径。基于内在动机的个体，针对特定人群的部分展示和普通美化不仅提高了旅游信息的定向传播效力，还大大提高了信息传播的精准性。同时，由于社交媒体和圈层是密切相关的概念，在不同社交媒体上向不同群体呈现自己的打卡内容，可以实现非惯常环境下身份认同的构建（周梦等，2023）。因此，部分展示必然带来潜在个体的模仿与追随，进一步形成行为仪式的互动与传播。

第 4 章

信息来源和旅游动机对网红景点
旅游意向的影响

4.1　问题提出

网红旅游景点作为数字媒体时代衍生出的新式旅游概念，已经成为潜在游客旅游出行的重要选择。网红文化席卷社交网络的同时，为旅游景点赋予网红色彩，那就意味着景点与用户之间有了更强的联结性（Tran & Strutton，2014）。网红旅游景点的概念是在"网红（Web celebrity）"概念的基础上衍生而来，是传统景点凭借自身特质，依托互联网平台营销获得大量在线关注度，进而吸引游客游览的旅游景点（项婧怡等，2021）。从传播学角度来看，网红景点不是规划、建设出来的，而是在媒体的建构和经游客不断传播而产生的。

网红景区与传统景区最大的区别在于前者的潜在游客是通过网络媒介获取景区信息，这些信息与游客的价值观、兴趣相结合，促使潜在游客产生旅游动机，而旅游动机的产生具有一定的随机性与偶然性。因此，对于信息来源而言，游客获取可靠的相关旅游信息是非常重要的（Litvin et al.，2008）。然而，旅游营销领域信息来源与游客行为的相关研究相对匮乏，有待进一步深入研究和探索。学术界对旅游信息的研究主要集中在信息的重要性（Bieger & Laesser，2004）、信息的受众和产生阶段（Ortega，2007）、信息的传播媒介（GAO Xiguo，2003）等。同时，旅游信息的来源会对旅游决策产生影响，旅游信息来源的质量也同样会影响游客的决策意向（孟陆等，20212）。因此，深入研究网红旅游景点信息来源和潜在游客的旅游动机对旅游意向的影响就极为必要，这对于数字媒体时代旅游行业的复苏有着重要意义。

网红旅游景点的发展离不开社交媒体对旅游信息的传播与推广，游客通过网络平台分享、收集、交流旅游信息的同时，广泛的舆论关注与爆炸式传播刺激了潜在游客产生了对网红旅游景点的向往，社交媒体成为旅游信息获取和辅助旅游行为决策的重要工具。一方面，游客在旅游过程中，通过网络社交媒体分享自己的所见所闻来获取精神上的获得感；另一方面，网络社交媒体旅游信息的来源不同，会对潜在游客产生不同的刺激效果。例如，消费者自我建构可以预测社交媒体的使用（Chu et al.，2015），网红旅游景点在社交媒体传播过程中，潜在游客对旅游信息来源（朋友圈 VS 旅游博主）的采纳是否受到自我建构的影响？本章将自我建构理论扩展到旅游信息来源采纳决策研究中，探讨独立型自我建构和依存型自我建构在网红旅游景点信息来源采纳中的作用机制，为网红旅游景点的有效传播提供实证理论支持。

本章基于网红旅游景点信息来源特征的可信性和专业性两个具有代

表性的维度属性，在不同的旅游动机和自我建构的情境下，通过三个实验情境检验网红旅游景点信息来源对潜在游客旅游意向的影响。研究拟解决以下三个问题：第一，网红旅游景点信息来源不同，对潜在游客旅游意向的影响是否存在差异？第二，信息来源对旅游意向的刺激中，潜在游客的旅游动机是否存在调节效应？第三，信息来源对旅游意向的刺激中，潜在游客的自我建构是否存在调节效应？研究所得结论对当下旅游业的复苏有着重要的理论和实践意义，并为网红旅游景点的有效传播提供实证理论支持。

4.2　文献梳理

4.2.1　网红旅游景点信息来源

信息源是指信息的发送者和控制者，信息源会影响个体对信息内容的理解和感知，并进一步影响个体对品牌的认知和态度（丁夏齐等，2005）。网络和社交媒体的发展对于旅游信息的扩散和传播起到不可忽视的作用，当信息传播来源可信度较高时，个体易于被说服，反之说服成功概率则明显降低（Kelman & Hovland，1953）。信息经济学理论则认为，消费者在进行消费决策前需要信息的支持，且会不断通过各种渠道进行信息的收集（Tigler，1961）。旅游活动具有异地性特征，潜在游客对网红景点信息的掌握不充分，搜寻和关注相关资讯是其出游前重要的准备活动，通过网络搜索引擎获取旅游信息来辅助决策是最主要的方式（Zheng & Bing，2011）。不仅如此，社交媒体上自带流量的网红旅游景点信息具备高度的诱导性，用户不仅受到朋友圈朋友的旅游信息的刺激，还会受到具备专业技能的旅游博主的旅游信息刺激。

信息来源不同,信息的特征也不相同。在有关名人代言的研究中,名人信息源的吸引力、亲和力和可信度是其重要的特征(孟陆等,2020)。信息源可信度取决于信息接收者对于信息传播者的判断,信息传播者应具备渊博学问、丰富阅历,以及新的真实性和可能性(Belch & Belch,2004)。信息源可信性模型的实证研究中,可信性特征应包括专业性、可信性、吸引力(Ohanian,1990)。信息可信赖程度还源于受众的主观及客观判断,其中主观判断的对象是信息源的可信赖性、专业性以及吸引力,客观判断的对象是信息内容的质量以及准确性(Metzger et al.,2003)。

在研究中,我们主要关注的是外部层面的信息来源,外部信息意味着个体经验之外的信息来源,是一种有意识地、有动机地从消费者的生活环境中获取信息的过程。旅游相关的外部信息来源分为诱导、自主和有机三类(Gartner,1994),诱导是旅游商务公司的营销机构和旅游利益相关者传播的信息来源;自主是大众媒体、旅游指南或电影传播的信息来源;而有机指的是由朋友或熟人传播的信息来源。本章结合先行研究,将网红旅游景点的信息来源分为以人际关系为基础的微信朋友圈信息来源和陌生且专业的微博旅游博主信息来源。

4.2.2 动机理论

动机作为个体心理的需求和欲望,包括激发、引导和整合一个人的行为和行动的整体力量(Uysal & Hagan,1993)。在旅游领域,动机是影响个体行为并旨在满足需求的内力,使个体倾向于选择和参与旅游活动的社会心理力量。在自我决定理论的研究中,动机又分为内在动机和外在动机,内在动机涉及高自主性,指的是为了快乐和满足而参与任务或刺激背后的驱动力(Ryan & Deci,2000),具有内在动机倾向的个体,

倾向于积极主动，乐于探索；外在动机涉及低自主性，受外在因素的驱使，迫使个体表现出追求有利的结果或奖励的行为。动机作为潜在游客的心理因素是游客细分和市场细分的关键因素（刘法建等，2021）。

通过旅游动机的角度研究潜在游客对网红旅游景点的旅游意向，能够更好地揭示网红旅游景点的形成及传播机制，同时将旅游动机分为内在动机和外在动机对网红旅游景点的研究具有适用性、诊断性、操作性等的优点。内在旅游动机包括渴望逃离、休息、声望、健康和身体护理、冒险和社会互动等内容，社交媒体作为网红旅游景点的重要传播途径，汇集了丰富多样的内容，可以为潜在游客提供详细专业的旅游攻略，满足游客自主获取信息的要求；外在旅游动机是基于旅游信息来源的可信性，以及目的地的吸引力。Stiff 和 Mongeau（2003）提出了信息的可信性取决于信赖的传播途径和个人关注的目标受众。即可信性信息试图改变行为，从而对动机产生影响。社交媒体时代，潜在游客接受信息的方式是多样的，但不同的信息来源会产生不同的刺激效果。因此，根据动机理论外在动机和内在动机都可能是影响潜在游客产生网红景点旅游意向的重要因素（Park & Nicolau，2015）。

4.2.3　自我建构

自我建构是指个体将自己视为一个独立的身份或社区的一员来与他人互动，自我建构的研究集中在自我动机（Hwang et al.，2018）、价值判断（刘法建等，2021）和购买决策（Ryan & Deci，2000）等方面。自我建构包括独立型自我建构和依存型自我建构（Wang et al.，2018），独立型自我建构的个体在组织他们的思想、情感和行动时，更加注重自身的独特性，将自己区别于朋友圈的社交群体，更多的基于自身的考虑而不是群体性特征，倾向于个体的自我感受和自主性价值，营造一种独特自我与社会环境相分离的心理倾向；依存型自我建构的个体在解释自己的思想、情感和行为时，会认为自己是外部社会环境的一部分，看重群体和谐的价值，认为个体应努力适应并归属到相应社会群体中，代表了一种将自我与他人界限模糊化的心理倾向，愿意为群体履行责任和义务（Wang et al.，2018）。但是，同一个体在情境的变化中两种自我建构可以并存，也会发生改变。

在信息认知和处理过程中，消费者不同的自我建构类型对信息采纳和决策存在明显差异。独立型自我建构取向的消费者焦点集中于积极的进取性信息，更容易被积极的进取性信息说服，即独立型自我建构的潜在游客更容易受到旅游博主专业性的刺激，而产生旅游意向；而依存型自我建构取向的消费者焦点集中于回避性和防御性信息，更容易被防御性信息说服，采纳回避性和防御性信息建议，更加关注与规避风险和损失相关的信息（Lee et al.，2000）。因此，朋友圈里刷到朋友的旅游信息时，潜在游客会认为网红旅游景点的内容被朋友验证过了，其真实性和信息来源更有保障。此外，独立型自我建构取向引导的消费者做出购买决策时更加注重自己内心的召唤和意愿，不易受外界环境因素的影响，而依存型自我建构取向引导的消费者受到群体规范的影响，看重群体和谐的价值，在行为上表现出趋同特征（Ma et al.，2014）。由于微信朋友圈、微博等在线社交媒体是一个公共平台，人人都可以在其中进行讨论并分享他们的观点或经验，不同的人会有不同的意图来分享或获取与消费相关的信息。潜在游客的性格特质会影响个体对信息来源的认知，因为不同性格特质的用户在社交媒体中的互动程度是不同的，依存型自我建构的潜在游客偏爱朋友圈的互动，而独立性自我建构的潜在游客会避免互动（陈晔等，2018），本章通过自我建构来调节信息来源、旅游动机和旅游意向之间的关系。

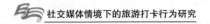

4.3　假设推演与模型构建

4.3.1　信息来源对潜在游客旅游意向的影响

信息来源在旅游目的地选择过程中起着重要作用（Beerli & Martin，2004）。而社交媒体作为旅游信息来源的重要性已经得到验证（Xiang et al.，2015）。社交媒体中用户分享的见解、经验和观点具有高度可信性（Dickinger，2011）。根据信息来源可信度理论，社交媒体上发布的内容来源于不同的途径，当信息来源于可信途径时，会增强对个体的说服力（Hautz et al.，2014）。信息来源根据信息发布者身份的不同可分为专业来源和私人来源，消费者对专业来源信息和私人来源信息的可信度看法也不同，专业来源更加可信，而私人来源仅仅是信息搜索过程的一部分（Cox et al.，2009）。信息的专业性是信息接收者对信息传播来源专业知识水平和经验的感知程度，信息的可信性是信息接收者对信息来源的可信性和安全性的感知，专业性和可信性对后续行为产生积极的影响（Chao et al.，2005）、专业性和有用性会增加个体信息分享意愿（Jeong M & Lambert，2001），可信性会影响个体态度（McGinnies & Ward，1980）、专业性会影响个体的购买意愿（Gilly et al.，1998）等。因此，提出以下假设：

H1：微信朋友圈中的信息来源可信性越高，潜在游客对网红景点的旅游意向越高。

H2：微博旅游博主的信息来源专业性越高，潜在游客对网红景点的旅游意向越高。

4.3.2　潜在游客的旅游动机对旅游意向的影响

旅游动机作为网红旅游景点研究的重要概念，是揭示潜在游客追求网红景点的重要前置因素。明确旅游动机和旅游意向的关系对于理解网红景点的特征和目的地管理具有重要意义。旅游动机是使个人倾向于选择和参与旅游活动的社会心理力量，动机对游客的行为意图和决策有积极的影响（Huang & Hsu，2009）。具有内在动机倾向的潜在游客注重内在回报、自我提升、注重自我导向、追求内心的满足和享受；而具有外在动机倾向的潜在游客会将注意力从自我导向上转移开，并抑制对自身内在需求满足的反应，更加注重外在回报和奖励（刘法建等，2021）。

旅游动机是旅游行为研究的重要内容，会影响潜在游客的多种行为（Cerasoli et al.，2012）。先行研究中，旅游动机会影响目的地形象（BeerliA & Marti，2004）、目的地的认知和情感（王纯阳、屈海林，2013）、目的地忠诚度（Yoon & Uysal，2005）等。本章基于自我决定理论中的内在动机和外在动机，基于不同的信息来源探索对旅游意向的影响。内在动机作为行为意愿的重要因素，包括渴望逃离、兴趣、声望、健康、冒险和自我实现等内容（周彬等，2021）；外在动机根据社会化媒体中的研究，包括关系建立、声望获得、互惠性、物质回报和其他附加利益等（王晓蓉等，2017）。外在动机与从社交媒体上获得信息质量的认知有关，内在动机则与使用社交媒体平台时的愉悦感和内在情绪有关（Sussman & Siegal，2003）。基于以上研究认为，在不同的信息来源刺激下，潜在游客的旅游动机不同，对旅游意向的影响也会不同。因此，提出以下假设：

H3：微信朋友圈信息来源刺激情境下，持有外在动机的潜在游客旅游意向更高。

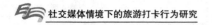

H4：微博旅游博主信息来源刺激情境下，持有内在动机的潜在游客旅游意向更高。

4.3.3　潜在游客自我建构的调节效应

在社交媒体交流互动中，用户的自我建构取向积极调节平台使用意愿和参与度之间的关系（Hu et al.，2016）。社会化的社交媒体语境的本质依赖于嵌入在用户相互依存中的归属感和社会联系需求，与独立型自我建构取向的个体相比，依存型自我建构取向的个体会表现出更明显的态度和行为变化，因为依存型自我建构取向的个体更容易受到环境因素的影响（Sia et al.，2009）。独立型自我建构取向的个体在旅游过程中会遵循自我内心的选择，关注自我偏好和利益，不重视他人的感受或考虑参照群体的意见（李如友，2018）。独立型自我建构的个体以自我为中心，社会关系连接较弱；而依存型自我建构的个体人际网络非常紧密，社会支持关系较强（Na et al.，2014）。以往的研究从动机和认知的角度探讨了自我建构取向对个体行为的不同影响，独立型自我建构取向的个体更有可能受到内在动机自我满足感的驱动，寻找与自身匹配的信息，而依存型自我建构取向的个体更倾向于受外在动机所驱使，努力适应并归属到相应社会群体中，从而获得与群体的关系。因此，提出以下假设：

H5：微信朋友圈信息来源刺激情境下，持有外在动机的潜在游客对旅游意向的影响受到依存型自我建构的调节。

H6：微博旅游博主信息来源刺激情境下，持有内在动机的潜在游客对旅游意向的影响受到独立型自我建构的调节。

4.3.4　研究模型构建

理论模型如图 7 所示。

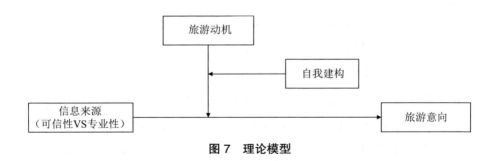

图 7　理论模型

4.4　研究设计与实验方法

4.4.1　实验一：旅游打卡信息来源对潜在游客旅游意向的影响

（1）实验前测

为了确定网红旅游景点信息来源的社交媒体，通过问卷星随机征集了 46 名被试（男性 52.08%；$M_{年龄}$=25.61，SD=2.33）进行了预测试。预测试向被试展示了十组旅游信息相同的大众社交媒体，要求被试指出他们最常用的媒体平台，以及他们对每个社交媒体平台的态度和继续使用意愿。测量题项参考张锴心等的成熟量表，并根据情景做出相关修改，态度量表项为"使用该社交平台过程中，我觉得快乐""使用该社交平台过程中，我觉得有趣"；继续使用意愿量表为"这个社交平台值得我关注和使用""我以后会继续关注和使用这个社交平台"。量表采用 Likert 7 级量表，1= 完全不同意，7= 完全同意。基于此，将微信和微博定为研究信息来源的社交媒体，所有被试都使用过微信和微博，被试普遍对微信和微博表现出积极的使用态度（α=0.927，M=5.88，SD=1.11），而且以后还会继续使用（α=0.911，M=5.44，SD=1.20）；微信和微博作为

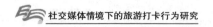

信息来源组间差异显著［$M_{微信}$=4.67，$M_{微博}$=5.39，F（1，44）=22.14，p＜0.001］，实验材料符合实验操作要求。

（2）实验设计

实验一采用2［信息来源：微信朋友圈 VS 微博旅游博主］×2［来源特征：可信性 VS 专业性］实验设计，检验网红旅游景点信息来源对潜在游客旅游意向的影响。本实验的网红旅游景点信息来源分别来自微信朋友圈和微博旅游博主两个实验组，以相同的文字叙述和图片介绍的形式展现给被试，实验刺激见图8。本实验选择四川省九寨沟县漳扎镇作为案例地，为排除旅游经历对旅游意向的影响，实验排除了对该网红景点有过旅游经历的被试，之后请被试阅读实验刺激材料，并根据自己的真实想法填写问卷。

图8 实验刺激

网红旅游景点信息来源的可信性、专业性量表来源于孟陆等（2021）的研究，并根据情景做出相关修改。微信朋友圈可信性量表为"我认为在朋友圈里关于网红旅游地的内容是可信的""我认为朋友推荐的网红旅游地是较为可靠的""我信任朋友圈朋友的推荐"；微信朋友圈专业性量表为"我认为朋友圈好友推荐的内容具有专业技巧""我认为朋友圈好友推荐的内容具有专业知识""我认为朋友圈好友具有职业精神""我认为朋友圈好友具有丰富的旅游经验"。微博旅游博主可信性量表为"我认为在微博里旅游博主推荐的关于网红旅游地的内容是可信的""我认为旅游博主推荐的网红旅游地是较为可靠的""我信任旅游博主的推荐";微博旅游博主专业性量表为"我认为旅游博主推荐的内容具有专业的技巧""我认为旅游博主推荐的内容具有专业知识""我认为旅游博主具有职业精神""我认为旅游博主具有丰富的旅游经验"。旅游意向量表参考吴佩谕和黄远水（2019）的研究，"以上网红景点信息使我产生了旅游意向""以上网红景点信息吸引我想要去旅游""以上网红景点信息对我的出游决策产生了影响"。所有量表采用 Likert 7 级量表，1= 完全不赞同，7= 非常赞同，在问卷最后要求被试填写人口统计学信息。

实验设计了注意力验证、连续极值 / 连续同值排除的筛选规则，最终获得有效样本 166 份（男性 50.8%；$M_{年龄}$=29.71，SD=6.77）。其中，朋友圈中的网红旅游景点信息来源是研究者本人在朋友圈中发布的信息，以研究者的微信好友为实验对象，征集了 80 名被试进行测试；微博旅游博主的网红旅游景点信息在问卷星上随机征集了 86 名被试进行测试。

（3）假设检验

信息来源对潜在游客旅游意向的组间分析结果显示，微信朋友圈和微博旅游博主作为信息来源组间差异显著 [$M_{微信朋友圈}$=4.78，$M_{微博旅游博主}$=5.63，$F_{(1, 164)}$=12.47，$p < 0.001$]，实验操纵成功。采用双因素方差分析结果显示，信息来源对潜在游客旅游意向（α=0.872）的主效应分析结果显著 [$F_{(1, 164)}$=12.47，$p < 0.001$]，信息来源的特征对潜在游客旅游意向的主效应分析结果显著 [$F_{(1, 164)}$=22.77，$p < 0.001$]，且两者的交互效应对潜在游客旅游意向的主效应分析结果显著 [F

（1，164）=17.54，p＜0.001］，微信朋友圈作为信息来源的可信性（α=0.911）与专业性（α=0.901）差异显著［$M_{信任性}$=5.43，$M_{专业性}$=4.53，F（1，164）=27.40，p＜0.001］，微博旅游博主作为信息来源的可信性（α=0.895）与专业性（α=0.899）差异显著［$M_{信任性}$=4.68，$M_{专业性}$=5.97，F（1，164）=18.99，p＜0.001］。因此，H1、H2都得到验证，实验一结果见图9。

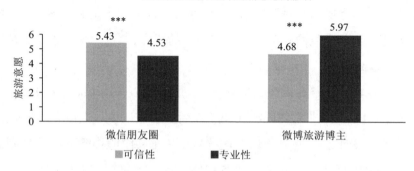

信息来源对潜在游客旅游意愿的影响

注：*** p＜0.01，** p＜0.05，* p＜0.1。

图 9　实验一结果

4.4.2　实验二：打卡动机在潜在游客旅游意向影响中的调节作用

（1）实验设计

实验二采用2［信息来源：微信朋友圈可信性 VS 微博旅游博主专业性］×2［旅游动机：内在动机 VS 外在动机］的实验设计，检验网红旅游景点信息来源、旅游动机对旅游意向的影响。实验二的信息来源同实验一一致，分别来自微信朋友圈和微博旅游博主两个实验组，采用与实验一相同的文字叙述和图片介绍的形式展现给被试。排除对案例地有旅游经历的被试之后，请被试阅读实验刺激材料，并根据自己的真实想法填写问卷。

　　网红旅游景点信息来源可信性、专业性、旅游意向的测量与实验一一致，旅游动机量表借鉴王晓蓉、彭丽芳和李歆宇（2017）的研究，内在动机包括"我喜欢通过网络分享旅游经历""我会通过分享帮助他人""通过社交媒体分享令我感到愉悦""我想为他人选择旅游景点提供借鉴信息"，外在动机包括"我会通过分享结识更多朋友""我会通过分享和他人保持更紧密的联系""我会通过分享得到回报""我想通过分享得到额外奖励"。所有量表采用 Likert 7 级量表，1= 完全不同意，7= 完全同意，在问卷最后要求被试填写人口统计学信息。

　　实验设计了注意力验证、连续极值/连续同值排除的筛选规则，最终获得有效样本 327 份（男性 52.1%；$M_{年龄}$=26.64，SD=5.87）。其中，朋友圈中的网红旅游景点信息来源是研究者本人在朋友圈中发布的信息，以研究者的微信好友为实验对象，征集了 162 名被试进行测试；微博旅游博主的网红旅游景点信息在问卷星上随机征集了 165 名被试进行了测试。

　　（2）假设检验

　　实验二实验操纵结果显示，微信朋友圈作为信息来源的可信性（α=0.907）与专业性（α=0.881）差异显著［$M_{信任性}$=5.63，$M_{专业性}$=4.71，$F_{(1, 325)}$=61.58，$p < 0.001$］，微博旅游博主作为信息来源的可信性（α=0.891）与专业性（α=0.833）差异显著［$M_{信任性}$=4.33，$M_{专业性}$=5.82，$F_{(1, 325)}$=49.32，$p < 0.001$］，实验操作成功。双因素方差分析组间结果显示，微信朋友圈可信性（α=0.899）和微博旅游博主专业性（α=0.832）对潜在游客旅游意向（α=0.919）的主效应分析结果显著［$F_{(1, 323)}$=19.83，p=0.002］，旅游动机（α=0.892）对潜在游客旅游意向的主效应分析结果显著［$F_{(1, 323)}$=11.96，$p < 0.001$］，且两者的交

互效应对潜在游客旅游意向的主效应分析结果显著［$F(1, 323)=20.10$，$p<0.001$］，基于微信朋友圈的可信性作为信息来源的场景下，外在动机（$\alpha=0.897$）回复组的潜在游客旅游意向高于内在动机（$\alpha=0.881$）回复组［$M_{内在动机}=4.46$，$M_{外在动机}=5.51$，$F(1, 163)=10.24$，$p<0.001$］。基于微博旅游博主的专业性作为信息来源的场景下，内在动机比外在动机回复组潜在游客旅游意向更高［$M_{内在动机}=5.31$，$M_{外在动机}=3.65$，$F(1, 160)=12.25$，$p<0.001$］。因此，H3、H4都得到验证，实验二结果见图10。

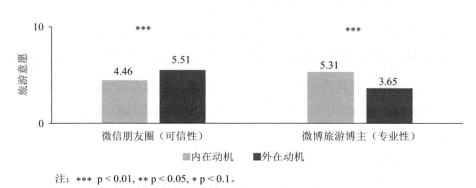

图 10　实验二结果

4.4.3　实验三：自我建构在潜在游客旅游意向影响中的调节作用

（1）实验设计

实验三采用2［信息来源：微信朋友圈可信性 VS 微博旅游博主专业性］× 2［旅游动机：内在动机 VS 外在动机］× 2［自我建构：独立型VS 依存型］实验设计，检验网红旅游景点信息来源，旅游动机和自我建构的不同对潜在游客旅游意向的影响。实验三的信息来源同实验一、实验二一致，分别来自微信朋友圈和微博旅游博主两个实验组，采用与实验一、实验二相同的文字叙述和图片介绍的形式展现给被试。排除对案例地有旅游经历的被试之后，请被试阅读实验刺激材料，并根据自己的真实想法填写问卷。

网红旅游景点信息来源可信性、专业性、旅游动机、旅游意向的量表与实验二一致，自我建构测量题项采用李如友（2018）专门针对旅游营销改良的量表，"无论同谁一起，我都一如既往地做自己的事""同他人打交道时，我喜欢直来直去""我喜欢在许多方面与众不同""个人身份的与众不同对我很重要""维系同群体的和谐对我很重要""为了周围的人的利益，我会主动牺牲我自己的利益""我的幸福取决于我周围人的幸福""如果我的兄弟 / 姐妹失败了，我会觉得自己负有责任""尊重群体决策对我很重要"。所有量表采用 Likert 7 级量表，1= 完全不同意，7= 完全同意，在问卷最后要求被试填写人口统计学信息。

实验设计了注意力验证、连续极值 / 连续同值排除的筛选规则，最终获得有效样本 503 份（男性 52.4%；$M_{年龄}$=33.12，SD=3.27）。其中，朋友圈中的网红旅游景点信息来源是研究者本人在朋友圈中发布的信息，以研究者的微信好友为实验对象，征集了 267 名被试进行测试；微博旅游博主的网红旅游景点信息在问卷星上随机征集了 236 名被试进行了测试。

（2）假设检验

实验三参照 Kwon 和 Mattila（2015）提出的对自我建构的测量评估方法，分别计算题项中独立型自我建构和依存型自我建构题项的平均分，从独立型自我建构中减去依存型自我建构的得分，得到被试个人的自我建构得分。得分为正的被试被划分为独立型自我建构组，得分为负的被试被划分为依存型自我建构组。其中，独立型自我建构回复组 281 人，依存型自我建构回复组 222 人。

实验三实验操纵结果显示，微信朋友圈作为信息来源的可信性（α=0.871）与专业性（α=0.912）差异显著 [$M_{信任性}$=5.86，$M_{专业性}$=4.71，$F_{(1, 265)}$=33.15，$p < 0.050$]，微博旅游博主作为信息来源的可信性（α=0.872）与专业性（α=0.890）差异显著 [$M_{信任性}$=4.17，$M_{专业性}$=5.62，$F_{(1, 234)}$=19.22，$p < 0.001$]。微信朋友圈信息来源刺激情境下，外在动机（α=0.844）比内在动机回复组（α=0.863）潜在游客旅游意向更高 [$M_{内在动机}$=4.41，$M_{外在动机}$=4.96，$F_{(1, 499)}$=24.56，$p < 0.001$]。微博旅游博主信息来源刺激情境下，内在动机回复组的潜在游客旅游意向高于外在动机回复组 [$M_{内在动机}$=5.02，$M_{外在动机}$=3.73，$F_{(1, 499)}$=28.14，$p < 0.001$]，两者的交互效应也显著 [$F_{(1, 499)}$=29.04，$p < 0.001$]，实验操纵成功。

多因素方差分析组间结果显示，微信朋友圈可信性（α=0.871）和微博旅游博主专业性（α=0.896）对潜在游客旅游意向（α=0.902）的主效应分析结果显著 [$F_{(1, 494)}$=10.70，$p < 0.001$]，旅游动机（α=0.845）对潜在游客旅游意向的主效应分析结果显著 [$F_{(1, 494)}$=11.37，p=0.001]，自我建构（α=0.871）对潜在游客旅游意向的主效应分析结果不显著 [$F_{(1, 494)}$=1.08，p=293]，三者的交互效应对潜在游客旅游意向的主效应分析结果显著 [$F_{(1, 494)}$=7.03，p=0.008]。具体结果为：微信朋友圈信息来源刺激情境下，持有外在动机基于依存型自我建构（α=0.877）的潜在游客旅游意向更高 [$M_{独立型}$=4.57，$M_{依存型}$=5.52，$F_{(1, 123)}$=14.77，$p < 0.05$]；而持有内在动机基于独立型自我建构和依存型自我建构的潜在游客组间无显著差异 [$M_{独立型}$=4.24，$M_{依存型}$=4.57，$F_{(1, 140)}$=1.27，p=0.163]。微博旅游博主信息来源刺激情境下，持有内在动机基于独立型自我建构（α=0.863）的潜在游

客旅游意向更高[$M_{独立型}$=5.76，$M_{依存型}$=3.69，$F(1, 123)$=35.53，$p<0.001$]；而持有外在动机基于独立型自我建构和依存型自我建构的潜在游客组间无显著差异[$M_{独立型}$=3.66，$M_{依存型}$=3.80，$F(1, 109)$=6.31，p=0.728]。因此，H5、H6 都得到验证，实验三结果见图 11。

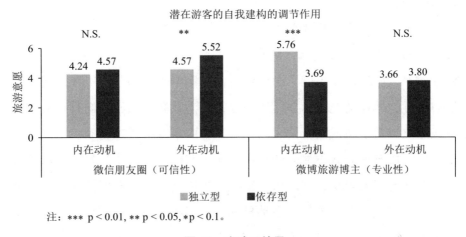

图 11　实验三结果

4.5　研究结果讨论

（1）实验一的结果讨论

实验一结果显示，微信朋友圈作为信息来源的可信性比专业性对潜在游客旅游意向有更显著的积极影响，微博旅游博主作为信息来源的专业性比可信性对潜在游客旅游意向有更显著的积极影响。因此，微信朋友圈的网红旅游景点信息来源对潜在游客旅游意向的刺激，是基于微信朋友圈具有更高的可信性，具有可信性的微信朋友圈出现的网红旅游景

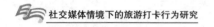

点是激发潜在游客产生旅游意向的重要因素。微博旅游博主的网红旅游景点信息来源对潜在游客旅游意向的刺激，是基于微博旅游博主具有更高的专业性，具有专业性的微博旅游博主推荐的网红旅游景点是激发潜在游客产生旅游意向的重要因素。基于此，实验二在实验一的基础上导入潜在游客的旅游动机，来检验旅游动机在信息来源和旅游意向之间的调节作用。

（2）实验二的结果讨论

实验二实证结果显示，网红旅游景点不同信息来源刺激的情境下，潜在游客的旅游动机不同，对旅游意向的影响也不同。基于微信朋友圈的可信性，外在动机比内在动机回复组对潜在游客旅游意向有更显著的积极影响；基于微博旅游博主的专业性，内在动机比外在动机回复组对潜在游客旅游意向有更显著的积极影响。微信朋友圈作为熟悉的信息来源，潜在游客更容易建立声望、结识更多朋友、与朋友保持联系、获得社交回报或额外奖励等的外在动机的联想刺激，使潜在游客产生旅游意向。而微博旅游博主作为陌生的信息来源，不涉及潜在游客外在动机的需求，更多的是内在回报、自我提升、注重自我导向的内在动机联想刺激，使潜在游客产生旅游意向。基于此，实验三在实验二的基础上导入潜在游客的自我建构，来检验信息来源和旅游动机双重情境下，潜在游客自我建构在信息来源、旅游动机和旅游意向之间的调节作用。

（3）实验三的结果讨论

实验三在实验一和实验二验证的理论基础上，检验了在不同的网红旅游景点信息来源和旅游动机场景下，潜在游客的自我建构对旅游意向的调节作用。得到的实验结果与假设一致，基于微信朋友圈的可信性，持有外在动机的潜在游客，依存型自我建构比独立型自我建构回复组对旅游意向有更显著的积极影响；而持有内在动机的潜在游客，独立型自我建构和依存型自我建构回复组之间无显著差异。基于微博旅游博主的专业性，持有内在动机的潜在游客，独立型自我建构会比依存型自我建构回复组对旅游意向有更显著的积极影响；而持有外在动机的潜在游客，独立型自我建构和依存型自我建构回复组间无显著差异。

因此，旅游信息来源对游客打卡意愿的影响是多方面的，不同的旅游信息来源对于游客的打卡意愿确实会产生不同的影响。社交媒体可能更多地引导游客追求时尚、流行和个性化的打卡体验，而官方旅游网站和旅游指南书籍可能更多地促使游客关注目的地的历史文化、实际价值与体验。口碑和评论信息则更多影响游客的信任度和实际体验程度。游客可以根据个人偏好和旅行目的选择适合自己的信息来源，以辅助决策和提升旅行体验。一方面，来自社交媒体和旅游平台的信息可能会激发游客的兴趣，因为他们会受到其他游客的分享和推荐的影响，从而增加打卡的愿望。另一方面，来自官方旅游机构或权威媒体的信息可能会提供更加客观和全面的旅游目的地信息，这可能会影响游客的选择，使他们更有可能选择参观具有历史、文化或自然意义的地点而不仅仅是流行的打卡景点。

第 5 章

旅游打卡地属性对打卡意向的实证研究

——基于双重动机的视角

5.1 问题提出

　　旅游打卡是由媒介技术、社会文化和个体意识的相互融合，是个体在社交媒体平台产生的一种新式消费实践，并逐步演变成日常生活中一种备受追捧的时尚文化（Zhang & Huang，2021；Xiang et al.，2021；Lin et al.，2023）。打卡现象作为一种标记行为，衍生出了学习打卡、健身打卡、美食打卡、旅游打卡等一系列独特的文化现象。具体的旅游打卡方式有图片加文案的普通模式、短视频及直播模式，还可以有通过发布地理位置，实时分享旅游活动和旅游体验等多种模式。社交媒体上的打卡现象被争相模仿，潜在游客会追寻前者的打卡地点、跟随前者的旅游信息表现出相同的行为，以及购买相似的产品等，其目的是模仿前者的旅游行为来达成自己的旅游目的（Bian & Zhu，2020）。在社交媒体消费的研究中指出，个体在社交媒体上宣传消费目标，其主要动机是寻求关注、身份信号和社会价值的需求（Envelope et al.，2023）。因此，旅游打卡是游客将旅游体验通过虚拟空间展示其消费价值的一种延伸。

与传统的旅游行为不同，打卡者倾向于通过社交网络来展示自己的旅游行为，借助社交网络彰显旅游消费的仪式感（Bian & Zhu，2020）。因此，打卡现象的产生有赖于网络平台提供的技术架构，以及去中心化的网络技术为个体打卡提供的先决条件。同时，社交媒体拓展了旅游的体验边界，可以彰显旅游行为的社会、休闲及消费属性（Bronner & De，2019）。打卡者可以借助社交媒体，将旅游通过即时互动彰显旅游行为，实现旅游打卡的某种目的。另外，社交媒体赋予了旅游景点更多的传播途径，社交媒体下的旅游打卡，使每一个打卡者（i.e. the person who performs the action of Daka）都参与到了景点的传播中，作为一种互动点赞、关注和评价成为更多潜在游客处理旅游信息和决策的重要参考（Dedeolu et al.，2020；Zhang et al.，2022）。旅游打卡现象不仅带动了老牌景区的人气，也催生了一批名不见经传的非景区现象级景点。例如，老牌景区有丽江的泸沽湖、桂林的阳朔西街，现象级打卡景点有重庆李子坝轻轨站、海口云洞图书馆等，只要冠以"打卡地"的标签后，节假日的火爆程度远超普通旅游景点，网友在平台打卡的短视频点赞浏览及转发量动辄百万。因此，在个体打卡追捧下，催生的"网红打卡地""网红景点""网红村"等一系列"打卡"景点的衍生现象值得关注。

本章通过实证研究，探索旅游打卡现象的理由如下。首先，旅游打卡区别于传统的旅游行为，现有研究仅从表面上揭露了打卡现象的存在，具体包括对符号意义的强调（Zhu，2016）、符号和身份意义的构建

（Yan et al.，2022），以及个人寻求新奇和差异的情感形象（Liu，2021），但实质性的理论及实证检验并不充分。其次，现有研究明确了旅游打卡的多重消费价值（Bian & Zhu，2020），但对打卡目的地特征（Daka destination features）的整体归纳不够全面，缺少对打卡目的地建设的有效指导。最后，旅游打卡作为旅游行为的变化，折射出了游客多样化的动机和心理需求，探索旅游行为的变化及打卡动机，对旅游企业而言非常重要，本章的结论将为旅游企业的产品开发带来重要的实践和管理启示。本章从动机视角解读个体旅游打卡的实现路径，基于 S-O-R 理论（Cheng et al.，2022），实证打卡地特征（S）、打卡动机（O）、打卡意愿（R）之间的路径关系，构建旅游打卡"刺激—机体—反应"机制模型，从实证角度了解旅游打卡现象的内在机制，同时系统解读旅游打卡现象所建构的文化内涵，以期为新式旅游模式的发展提供理论与实践参考。

5.2 文献梳理

5.2.1 旅游打卡及其特征

《经济学人》曾在一篇《打卡景点》的报道中指出，个体旅行的意义发生了改变，更多人的目的趋向于展示一段 15 秒的旅游视频（*The Economist*，2019）。旅游打卡作为一种记录行为，表达的是旅游者、地方感和空间感的交融，造就了网红景点的生产（Wang & Xu，2021）。是基于社交媒体网络，在虚拟空间展示旅游的一种行为，是个体借助社交媒体释放旅游情感和构建网络形象的重要途径（Zhang & Huang，2021）。社交媒体作为一种新的传播方式，不仅改变了游客的消费模式和旅游过程中的行为方式，在旅游发展中也起到了重要的助推作用

（Xiang & Gretzel，2010；Kietzmann et al.，2011；Amaro et al.，2016）。例如，通过社交媒体表达参与的仪式感（Vohs et al.，2013）、获取旅游信息和出游建议（Xiang et al.，2015），旅游过程中还会通过文字、图片或短视频等形式进行自我呈现与实时互动（Kang et al.，2013），旅游结束后则会将旅游体验和感受以电子口碑的形式对目的地进行形象传播等（Luo et al.，2015）。研究指出，社交媒体的仪式感，能够带来更多的体验与满足（Kim & Kim，2020；Wu et al.，2023）。因此，旅游打卡也呈现出了不同方式，打卡者或专注于自己内心的感受，或凸显自己的表演，或炫耀自己的旅游优越感等。

旅游打卡作为重要的热点议题，该行为不仅反映了旅游动机的转变，也体现了现代旅游者在数字化时代中的行为特征和心理需求。首先，旅游打卡的动机可以分为多种。自我决定理论表明，旅游行为既有内在动机，如自我表达和满足感，也有外在动机，如社会认可和虚荣心（Ryan & Deci，2000）。旅游凝视理论也适用于解释打卡行为，即旅游者在某种程度上是在寻求和其他人共享的视觉体验（Urry，1990）。其次，旅游打卡与符号消费和身份认同密切相关。文化资本理论指出，旅游是一种展示文化资本的方式，游客通过在热门景点打卡来展示自己的品位和社会地位（Bourdieu，1984）。旅游者在旅游过程中强调符号意义（Zhu，2016），在旅游打卡中强调符号意义同样重要，游客在选择打卡地点时往往会考虑其象征意义和社会认同。此外，社交媒体的兴起对旅游打卡行为起到了推波助澜的作用。社交媒体提供了一个展示和分享旅游体验的舞台，同时也影响了游客的决策过程（Luo & Zhong，2015）。例如，网络平台上的打卡景点排行榜和推荐对游客的目的地选择的影响，社交媒体上的点赞和评论数量不仅影响了游客的自我认同，还进一步激发了他们的打卡动机。

因此，如何在鼓励旅游打卡行为的同时，兼顾旅游产业的可持续发展，成了旅游管理者和研究者需要关注的课题。综上所述，旅游打卡现象体现了现代旅游行为的复杂性和多样性。未来的研究应进一步探讨打卡行为的深层动机及其社会文化影响，并寻求在数字化和全球化背景下的可持续旅游管理策略。

5.2.2　动机视角下的旅游打卡

驱动人类行为动机的力量可以分为内部力量和外部力量（Zhang et al.，2022）。旅游动机作为旅游行为和游客决策的驱动力，一直受到学者的关注（Otoo & Kim，2020；Egger & Wassler，2020；Yang et al.，2023）。传统旅游行为的研究主要集中在内在动机和外在动机（Pestana et al.，2020；Sinambela，2021；Zhang et al.，2022）。内在动机是指个体为了内在满足而进行的活动，外在动机是指为了达成某些结果而进行的活动（Ryan & Deci，2000）。

旅游动机的相关研究涵盖了多种理论和方法，旨在理解驱动旅游个体进行旅游活动的内在和外在因素。早期的研究将旅游动机分为逃避—消除和推动两大类，分别指代个体从日常生活压力中逃离和寻找新的体验（Crompton，1979）；自我决定理论则强调了内在动机和结果期望对旅游决策的影响（Deci & Ryan，1985）；推拉理论进一步丰富了这一框架，推因素如逃避日常、寻求放松等内在动机，拉因素如目的地的吸引力等外在动机（Whyte，2017）。后续关于旅游动机的具体研究又分为社交动机、文化动机、放松动机和冒险动机等类别，不同的人群表现出不同的动机偏好。近年来，网络技术和社交媒体的发展，对旅游个体旅游动机的影响也发生了重要的变化，数字化体验和旅游线上化成为新的研究热点。研究方法上，定量研究通过问卷调查和统计分析量化动机因素的重要性，而定性研究则通过深度访谈和焦点小组深入探讨了动机的复杂性（Pearce & Lee，2005）。综上所述，旅游动机研究在理论和实证方面均有丰富的发展，为旅游业的发展和营销策略的制定提供了重要参考。

旅游动机是多维的，在不同细分市场的旅游个体之间，旅游动机存在明显的差异（Li et al.，2009）。例如，基于个体内在需求，旅游动机又分为自我提升（Oliveira et al.，2020；Yang & Hu，2023）、炫耀（Liu et al.，2021）、享受和披露（Li，2020）、冒险和逃离（Lewis et al.，2019；Chang et al.，2020）等内在动机；而基于个体外在需求，旅游动机又分为社交与团建（Kim et al.，2003）、利他主义、预期互惠（Lee & Hyun，2018；Nguyen et al.，2019）等外在动机。有关旅游分享的研究中指出，中国游客以自我为中心的动机是最重要的旅游动机（Zhang et al.，2022）。旅游动机一直受到广泛关注，成为旅游开发和洞察游客行为的关键变量。

想要更多的游客前往打卡目的地参与打卡，了解打卡者的打卡动机至关重要。以往研究难以解释社交媒体背景下的旅游打卡行为，以及打卡动机在打卡地特征和打卡意向之间的具体作用。根据动机理论（Yousaf et al.，2018），旅游打卡者前往某地打卡是受到打卡地的特征驱动，打卡体现了打卡者自身的内在需求或外在需求的多向满足。因此，基于以上研究的综合梳理，本章将个体的打卡动机分为内在动机和外在动机。由于旅游打卡的实证研究极少，更没有关于打卡动机的相关借鉴，本章综合考虑了驱动人类行为的内部力量和外部力量（Zhang et al.，2022），即内在动机可以满足个体内在需要，包括缓解压力、逃离日常、追求自我等（Li，2020）；外在动机可以满足个体外在需要，包括沟通、社会化以及深入了解历史文化和社会习俗等（Lee & Hyun，2018）。以此来检验旅游打卡的打卡动机二维分类方法。

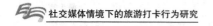

5.2.3　个体的打卡意向

旅游打卡的实现有赖于社交媒体平台的技术架构，是对旅游行为的符号化展示（David Herbert，2001；Soulard et al.，2021）。基于媒体平台而言，平台功能促进了打卡产生的标准化，如微博打卡的话题模式"#某某打卡#"、抖音打卡的话题模式"#某某打卡#"等，以及基于定位功能的位置服务等。而基于打卡者而言，拟剧理论将个体的旅游呈现视为一种表演行为（Perkins et al.，2020）。旅游表演作为一个互动的过程，成功与否则取决于演员的技巧、演绎的情境以及观众的解读方式（Edensor et al.，2020）。此外，个体打卡中，使用相机和技术对景点"符号"进行收集，并通过不同的方式实现对旅游的认同与感受，达到与景点共鸣的具身体验（Urry，1995）。

在旅游分享的相关研究中，游客通过社交媒体分享旅游照片，向外界呈现自己的形象已经成为一种习惯（Lo et al.，2011；Chen et al.，2021）。在旅游自拍方面的研究中指出，旅游照片和视频更能够展现身体形象和存储旅游体验（Pan et al.，2014；Nikjoo & Bakhshi，2019）。虽然，社交媒体上的旅游分享的研究很好地揭示了个体追求自我形象和旅游体验的行为逻辑，但对个体打卡地情感的产生和打卡意向的解释力非常欠缺，本章试图从动机视角探索个体打卡意向中情感意向和行为意向的产生路径。

5.2.4　旅游涉入度

涉入度起源于社会心理学，代表个体所感知到的产品、广告和购买决策与个人之间的相关性（Zaichkowsky，1994）。旅游涉入度（Tourist Involvement）是指游客对旅游活动、景点、体验等方面的感知和参与程度。这一概念通常用于分析和理解游客的行为和态度，帮助旅游管理者和营销人员制定更有效的策略。旅游涉入度通常包括情感性涉入、认知性涉入和行为性涉入三个方面（Park & Woodside，2012）。情感性涉入指的是游客在旅游活动中所表现出的情感投入和心理反应。这包括游客对某一景点或旅游体验的情感依赖、兴趣和热情。例如，一些游客可能对某一目的地非常感兴趣，认为这个地方能提供独特的体验；另外，游客可能对某些地方有强烈的情感联系，可能是因为那里有美好的回忆或独特的文化吸引他们。认知性涉入指的是游客对旅游信息的关注和理解程度。这涉及游客在决策过程中所做的研究和信息收集活动（张思岛、郭琦，2020）。例如，高涉入度的游客通常会在出行前进行详细的研究，包括查找目的地的信息、比较不同的旅行选择等，这些游客通常拥有较高的旅游知识，对目的地的历史、文化和地理有深刻的理解。行为性涉入指的是游客在旅游过程中的实际行为和参与程度。这包括游客的旅游频率、旅游时间的长短、旅游活动的多样性等（李明艳、李建标，2017）。例如，高涉入度的游客通常会频繁旅游，可能每年多次旅行。这些游客在旅游活动上投入更多的时间和资源，包括参加深度旅行、高端项目等。旅游涉入度可以帮助学者更深入地理解游客行为，还为旅游业的实践提供了实用的指导，促进游客体验的提升和旅游目的地的可持续发展。

研究指出，涉入度不同会导致个体信息加工路径的不同，高涉入度会增强个体对产品与自身相关性的感知，投入更多的认知努力。而低涉入度情境下，由于个体缺乏信息处理的动机，会降低个体对信息精细加工的可能性，而信源特征成为影响个体态度和行为的主要因素（Petty & Cacioppo，1984；Rokonuzzaman et al.，2020）。涉入度在旅游研究中，主要涉及目的地选择（Cai et al.，2004；Hatipoglu et al.，2016）、旅游体验（Campos et al.，2017）、旅游市场细分（Lee et al.，2006）、目的地形象感知（Frias et al.，2008；Wang et al.，2021）等多个方面。旅游涉入度能够衡量游客对于旅游的心境或兴趣程度，不同的涉入程度会引发游客不同的兴趣、动机和旅游行为（Abbasi et al.，2023）。本文认为，旅游打卡折射出游客多样化的动机和心理需求，并非一般的旅游行为。因此，旅游涉入度不同，打卡者的打卡动机和打卡意向也会不同。

5.3 假设推演

5.3.1 打卡地特征对打卡动机的影响

景观特征是影响空间旅游的重要因素（Jamshidi et al.，2023）。影响个体旅游选择的研究指出，目的地特征（Mohammad Shafiee et al.，2021）、空间距离以及可达性等因素都是影响个体决策的重要内容（Biswas et al.，2021；周奇美等，2022），地理位置（Mckercher，2006）、热点景区、风俗习惯（Shishmanova et al.，2015）等同样是影响个体旅游偏好的关键因素。旅游动机源于个体需求，个体的需求可以通过参观或体验目的地来满足（Meng et al.，2008；Wu et al.，2023）。从打卡者的内在动机来看，打卡者注重精神层面的需求（YAN et al.，2022），打卡被视为一种个体的自我表达和身份的象征，并通过打卡获取世俗性休闲体验。针对青年群体的研究则指出，旅游打卡可以带来情感上的满足，树立个体求新求异的形象（柳莹，2021）。因此，旅游打卡不管从精神需求，还是自我表达的世俗性体验，都属于个体的内在动机。因此，打卡地的奇特性、娱乐性、知名度、圈层认可度和可达性会满足个体的内在需求，故提出以下假设：

H1：打卡地特征（H1a 奇特性、H1b 娱乐性、H1c 知名度、H1d 圈层认可度、H1e 可达性）会唤起个体打卡的内在动机。

从打卡者的外在动机来看，个体打卡是对打卡地的拥护与认同，与游客的自我认同相关（WANG & XU，2021；Biswas et al.，2021）。旅游打卡作为象征性意义的活动，是一种"媒体朝圣"，并非对传统旅游的绝对期待，更加注重的是一种仪式（Vohs et al.，2013；Bian & Zhu，2020）。打卡者需要对外证明来过此地，并通过他人的点赞、转发及评论，形成集体行为的文化认同（AO，2016），个体通过打卡消费活动，巩固自身的认同感和价值观，有助于个体自我身份建构，塑造自我社会认同。因此，旅游打卡不管从身份认同构建，还是象征性意义的追求，都属于外显目的下的自我呈现，带有明显的外在动机，这就需要知名度、圈层认可度、奇特性、娱乐性等打卡地特征来唤起个体的外在打卡动机，故提出以下假设：

H2：打卡地特征（H2a 奇特性、H2b 娱乐性、H2c 知名度、H2d 圈层认可度、H2e 可达性）会唤起个体打卡的外在动机。

5.3.2 打卡动机对打卡意向的影响

自决理论（Self-Determination Theory，SDT）指出，动机分为内在动机和外在动机（Ryan & Deci，2000）。个体的内在动机和外在动机是影响其多种行为意向的重要因素（Nkwe et al.，2017；Chang et al.，2020）。游客的行为意向取决于个体的旅游动机，动机作为旅游的先起行为，会对个体实地的体验和感知产生影响。研究指出，动机被视为解释游客行为的一个重要因素（Lan et al.，2014）。但内在动机与外在动机在不同领域对个体行为的影响存在很大的差距（Liu et al.，2010）。从打卡者的内在动机来看，有关旅游分享的研究指出，内在动机影响其分享意愿，但不直接影响分享行为（王晓蓉等，2017）。另外，内在动机中的个人价值与成就感得到满足时，个体的参与及共享行为更强（Liu et al.，2010；Kotera et al.，2023）。因此，个体内在动机得到满足时，会产生愉悦、兴奋或者向往的打卡地情感，并影响其打卡意愿，故提出以下假设：

H3：打卡地特征唤起的内在动机会对个体的打卡意向（H3a 打卡地情感、H3b 打卡意愿）产生正向影响。

从打卡者的外在动机来看，个体外在需求的满足需要他者的见证和认同（Li，2020）。旅游打卡作为一种传播循环，个体会把打卡作为展示社会地位的手段（Boto-Garcia et al.，2022），而浏览者会将其作为参照进行上行比较与模仿（Bian & Zhu，2020），例如，潜在游客想要超越参照，展示更加完美的打卡内容等，从而产生上行比较的打卡意愿（Liu et al.，2019）。同时，打卡作为社交媒体上的自我呈现行为，同样会刺激浏览者产生社会比较，并影响其认知水平和情感表达（Xiong et al.，2022）。社会比较理论也指出，个体会将他者的价值观和品位内化为自我兴趣感知，并产生某种行为（Pera，2018）。因此，个体为了满足其打卡的外在动机，同样会对打卡地产生愉悦、兴奋和向往的打卡地情感，并影响其打卡意愿，故提出以下假设：

H4：打卡地特征唤起的外在动机会对个体的打卡意向（H4a 打卡地情感、H4b 打卡意愿）产生正向影响。

5.3.3　涉入度的调节作用

涉入度表现为对娱乐活动更深的动机、激励机制或更强的兴趣（Gross et al.，2008）。旅游涉入度越高，对旅游活动的积极性越高，参与互动与体验的意愿越高（Abbasi et al.，2023；郭永锐等，2014）。旅游涉入度能够衡量游客对于旅游的心境或兴趣程度，不同的涉入程度会引发游客不同的兴趣、动机和旅游行为（Abbasi et al.，2023）。在网红旅游目的地形象的研究中，涉入度还会负向调节情感形象和个体满意度及忠诚度的关系（周学军等，2022）。旅游行为本身就是建立某种联结性和社交关系（Sheldon et al.，2016），随着旅游景点的网红化，就意味着旅游打卡者脱离了旅游本质，因此旅游涉入度不同，打卡者对打卡动机和打卡意向的追求不同。基于此，提出以下假设：

H5：旅游涉入度在假设路径中起调节作用，即打卡者的旅游涉入度不同（高 VS 低），打卡地特征对打卡动机和打卡意向的影响不同。

基于以上假设，研究理论模型见图 12。

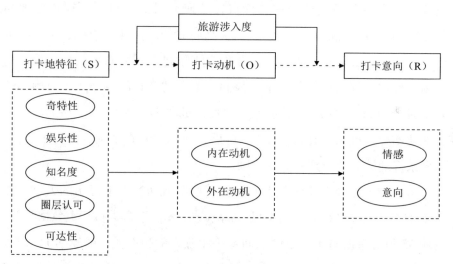

图 12 理论模型

5.4 研究设计与方法

5.4.1 量表设计与数据来源

旅游打卡现象流行于年轻人之间，并且在时间和经济条件充分的情况下，是对旅游有一定的兴趣和关注度的人群。因此，本书的调查对象限定为对旅游有兴趣和带有一定关注度的群体，并且对旅游打卡有所了解。旅游打卡为特殊群体对打卡行为的认可与追求，为了研究结果的代表性和准确性，本书采用目的性抽样（Purposive Sampling）的方式展开调查，目的性抽样的优点在于研究目的和目标可以更好地匹配（Sudarsono et al.，2021），从而提高研究的严谨性和数据、结果的可信度（Campbell et al.，2020）。目的性抽样需要一定的组织性和特定的范围，抽样过程需要进行仔细的控制。本书的调查问卷导入了前测和甄别题目，例如，"您喜欢旅游吗？""您知道旅游打卡吗？""您上次旅游打卡是在什么时候、什么地方？"最后，在问卷调查结束后设置了红包，符合条件的被试会收到 6 元的奖励。

研究对象选择对旅游打卡有深入了解和有切实打卡经历的人群，并于 2023 年 6 月至 7 月通过问卷星（www.wjx.cn）平台进行线上数据收集。剔除 35 份对旅游打卡不了解的问卷（注意力检测不通过的样本），回收有效问卷 405 份，有效率 92.05%。文献指出，实证研究的样本数量与问卷全部项目的比例应为 5∶1，本次比例为 9.4∶1，符合标准（Gorsuch，1983；Li & Zhao，2021），样本描述性统计见表 5。

研究包括打卡地特征、打卡动机、打卡意向意愿、旅游涉入度四个核心变量，变量的测量量表均改编自现有文献。为了符合中国研究情境，量表均借鉴和来源于中国学者的研究内容。打卡地特征中的奇特性参考了王华和马志新（2020）的研究内容，例如，"××打卡地具有景观特殊性、新奇时尚性"等；娱乐性参考了符运政等人（2016）的思路，例如，"××打卡地具有丰富的体验项目、好玩的游乐设施"等；知名度参考了张可等人（2022）的研究内容，例如，"××打卡地具有较高的人气、知名度"等；圈层认可度借鉴了 Wang 和 Xu（2021）的研究思路，例如，"周围人对 ×× 打卡地具有较高的评价、得到周围人的认可"等；可达性借鉴郝萌和张春晖（2022）的研究，例如，"××打卡地外部交通便利、内部交通便利"等。打卡动机的内在动机借鉴了易小力（2019）和 Chang 等人（2020）的研究内容，例如，"旅游打卡是追求自由自在的感觉、脱离繁忙的工作"等；外在动机借鉴了王华和马志新（2020）和 Nguyen 等人（2019）的研究内容，例如，"打卡可以与其他人交流、寻求志同道合的朋友"等；打卡意向中的打卡地情感和打卡意向借鉴了龙睿和吴旭云（2020）的研究内容，例如，打卡地情感的题项为"感到愉悦、感到兴奋"等；打卡意向的题项为"前往喜欢的景点打卡、再次打卡"等。旅游涉入度借鉴马向阳等（2015）的研究，例如，"对我而言，旅游是一种生活、旅游可以体现我的个人品位、旅游可以升华我的个人灵魂"等，量表的详细内容见表5，测量采用Likert 7级量表。

5.4.2 数据信度和效度检验

有效数据利用 SPSS 和 AMOS 进行效度和信度检验，检验标准采用 Cronbach's alpha 系数值、组合信度（CR）值和平均变异数萃取量（AVE）值来检验研究模型的信度（Bagozzi & Yi，2012）。结果显示：Cronbach's alpha 系数均在 0.935 以上、AVE 值均在 0.787 以上、CR 值均在 0.935 以上，表示模型具有良好的信度，信度分析见表6。同时，通过验证性因子分析对模型进行了建构效度检验，各指标分别为：χ^2（685）=1197.021，χ^2/df=1.747；IFI=0.972；TLI=0.968；CFI=0.972，各变量的因子载荷在 0.700 以上，各变量的 AVE 值的平方根均大于相关系数的绝对值，说明效度水平良好（Fornell & Larcker，1981），效度分析见表 7。

表 5　样本描述性统计

分类	特征指标	数量（人）	占比（%）
性别	男	160	39.5
	女	245	60.5
年龄	20 岁及以下	18	4.4
	21~25 岁	224	55.3
	26~30 岁	57	14.1
	31~35 岁	31	7.7
	36~40 岁	17	4.2
	41 岁及以上	58	14.3
学历	初中学历	22	5.4
	高中学历	48	11.9
	大专学历	27	6.7
	本科学历	237	58.5
	研究生及以上学历	71	17.5
现职业	学生	239	59.1
	公司职员	45	11.1
	公务员	52	12.8
	自由职业者	52	12.8
	其他	17	4.2

续表

分类	特征指标	数量（人）	占比（%）
月收入（学生以消费计）	2000 元及以下	133	32.8
	2001~3000 元	61	15.1
	3001~5000 元	85	21.0
	5001~8000 元	57	14.1
	8001~10000 元	47	11.6
	10001 元及以上	22	5.4

表 6　信度分析

变量	因子	Estimate	S.E.	C.R.	P	Cronbach's α	AVE	CR
奇特性	景观的特殊性	0.968				0.980	0.943	0.980
	打卡地的新奇时尚	0.965	0.018	52.454	***			
	不同寻常的新鲜感	0.981	0.017	59.817	***			
娱乐性	丰富的体验项目	0.912				0.958	0.884	0.958
	好玩的游乐设施	0.962	0.030	35.871	***			
	健全的娱乐设施	0.947	0.031	34.431	***			
知名度	人气高	0.808				0.939	0.797	0.940
	名气大	0.921	0.048	22.980	***			
	出镜率高	0.894	0.049	21.941	***			
	媒体报道	0.943	0.048	23.784	***			

续表

变量	因子	Estimate	S.E.	C.R.	P	Cronbach's α	AVE	CR
圈层认可	媒体的认可	0.880				0.951	0.829	0.951
	周围人的评价	0.895	0.038	26.425	***			
	朋友、同事、同学的认可	0.931	0.036	28.947	***			
	社会的评价	0.935	0.036	29.248	***			
可达性	便利的外部交通	0.956				0.960	0.858	0.960
	便利的内部交通	0.942	0.024	40.948	***			
	合理的交通价格	0.933	0.025	39.115	***			
	健全的交通指示系统	0.874	0.029	30.729	***			
内在动机	缓解精神压力	0.877				0.956	0.816	0.956
	逃离日常生活	0.933	0.035	29.139	***			
	追求自由自在的感觉	0.915	0.035	27.782	***			
	体验新的生活	0.932	0.034	29.041	***			
	脱离繁忙的工作	0.858	0.038	24.142	***			
外在动机	与当地人交流	0.875				0.949	0.787	0.948
	体验当地生活方式	0.854	0.041	23.641	***			
	与其他打卡者交流学习	0.905	0.040	26.684	***			
	寻求志同道合的朋友	0.913	0.037	27.188	***			
	了解历史文化和社会风俗	0.890	0.041	25.710	***			
打卡地情感	感到愉悦	0.934				0.945	0.853	0.946
	感到兴奋	0.913	0.032	31.767	***			
	感到向往	0.925	0.031	32.908	***			

续表

变量	因子	Estimate	S.E.	C.R.	P	Cronbach's α	AVE	CR
打卡意愿	我会去喜欢的景点打卡	0.898				0.941	0.846	0.942
	我会前往喜欢的景点打卡	0.938	0.031	30.292	***			
	前往喜欢的景点再次打卡	0.923	0.033	29.363	***			

表 7 效度分析

变量	1	2	4	5	6	7	8	9	10	AVE	CR
奇特性	1									0.943	0.980
娱乐性	0.148	1								0.884	0.958
知名度	0.458	−0.036	1							0.797	0.940
圈层认可	0.280	−0.028	0.405	1						0.829	0.951
可达性	0.208	−0.055	0.383	0.399	1					0.858	0.960
内在动机	0.287	0.007	0.378	0.431	0.578	1				0.816	0.956
外在动机	0.249	0.006	0.382	0.443	0.519	0.477	1			0.787	0.948
打卡地情感	0.355	−0.005	0.367	0.428	0.310	0.449	0.520	1		0.853	0.946
打卡意愿	0.128	−0.075	0.132	0.299	0.269	0.269	0.186	0.181	1	0.846	0.942

5.5 假设检验与研究结论

5.5.1 路径结果

在进行假设检验之前，首先对结构方程式模型进行了拟合度检验，结果显示：$\chi^2(503)=1013.897$，$\chi^2/df=2.016$；IFI=0.968；TLI=0.964；

CFI=0.968，GFI=0.871，各项拟合度指标较为接近标准值，说明结构方程式模型具有良好的拟合度，可对假设路径进行结构方程模型检验。通过标准化系数值来检验假设关系，假设检验结果见表8。

表8　假设检验结果

假设路径			Estimate	S.E.	C.R.	P
H1	H1a 奇特性	→　内在动机	0.115	0.047	2.463	0.014
	H1b 娱乐性		0.256	0.043	2.368	0.011
	H1c 知名度		0.279	0.058	2.541	0.003
	H1d 圈层认可		0.194	0.051	4.055	***
	H1e 可达性		0.452	0.043	9.342	***
H2	H2a 奇特性	→　外在动机	0.163	0.046	2.302	0.007
	H2b 娱乐性		0.046	0.042	1.060	0.289
	H2c 知名度		0.122	0.057	2.275	0.023
	H2d 圈层认可		0.237	0.050	4.723	***
	H2e 可达性		0.368	0.041	7.437	***
H3	H3a 内在动机	→ 打卡地情感	0.266	0.041	5.444	***
	H3b 内在动机	→ 打卡意愿	0.237	0.057	4.278	***
H4	H4a 外在动机	→ 打卡地情感	0.402	0.045	3.050	***
	H4b 外在动机	→ 打卡意愿	0.081	0.060	1.465	0.143

注：***$p < 0.001$。

分析结果显示，在打卡地特征与打卡动机的影响关系中，奇特性（β=0.115，p=0.014），娱乐性（β=0.256，p=0.011），知名度（β=0.279，p=0.001），圈层认可度（β=0.194，$p < 0.001$），可达性（β=0.452，$p < 0.001$）均正向影响内在打卡动机，H1成立。可见，个体在追求旅游

打卡的同时，不管是缓解精神压力、逃离日常生活、还是追求自由，都属于内隐目的下自我内在需求的满足，这些内在动机需要以上打卡地特征的唤起。同时，奇特性（$\beta=0.163$，$p=0.007$），知名度（$\beta=0.122$，$p=0.023$），圈层认可度（$\beta=0.237$，$p<0.001$），可达性（$\beta=0.368$，$p<0.001$）均正向影响外在打卡动机，H2 部分成立。可见，个体在追求内在动机的同时，旅游打卡同样可以满足其学习交流、社交体验、了解文化风俗的外在动机，外在动机属于外显目的下的自我呈现，这种自我呈现需要第三方或他者的肯定与认可，而打卡地特征中的奇特性、知名度、圈层认可度和可达性可以很好地通过打卡向第三方或他者传达其打卡意向，故可以更好地唤起个体旅游打卡的外在动机。但打卡地特征中的娱乐性（$\beta=0.046$，$p=0.289$）对外在动机的影响没有得到验证，H2b 不成立。对比结果推测，娱乐性更容易满足个体的内在需求，唤起个体的内在动机；但娱乐性在不同个体感知中存在差异性，追求外在动机的个体需要第三方或他者的辅助才能达成目的，而娱乐性只属于个体内在体验的一部分，因此路径关系并未得到验证。

在打卡动机对打卡意向的影响关系中，内在动机正向影响打卡地情感（$\beta=0.266$，$p<0.001$）和打卡意愿（$\beta=0.237$，$p<0.001$），H3 成立。动机不仅影响个体旅游中的体验和感知，在旅游打卡中同样会影响个体对打卡地的情感和产生打卡意愿。外在动机对打卡地情感（$\beta=0.402$，$p<0.001$）的正向影响关系也得到了验证，H4a 成立；但外在动机对打卡意愿（$\beta=0.081$，$p=0.143$）的影响关系没有得到验证，H4b 不成立。可见，个体的外在动机虽然会产生愉悦、兴奋和向往的打卡地情感，但对其打卡意愿的影响机制还需要进一步确认。

5.5.2　旅游涉入度的调节作用

为了检验旅游涉入度的调节作用，采用 Myers 等人（2000）的方法，首先计算出潜变量"涉入度"各个测量因子的平均值，再根据平均值得出中位数值（5.666），将涉入度分为高（5.973，SD=0.723，N=182）和低（3.337，SD=0.811，N=223）两组，对两组样本分别做结构方程模型比较分析，各项拟合度指标较为接近标准值，调节作用检验结果见表9。

通过各组间参数对比结果发现：在打卡地特征对内在动机的影响路径中，旅游涉入度不同的情境下，圈层认可对内在动机的影响分别为（低：β=0.271，$p < 0.001$；高：β=-0.034，p=0.672），组间差异的临界比值为 2.129（$\geqslant \pm 1.965$），说明组间差异达到 0.05 的显著性水平，说明旅游涉入度对圈层认可与内在动机的关系有显著的调节作用，即个体低涉入度情境下，打卡地的圈层认可更容易唤起个体的内在动机，高涉入度情境下无影响；另外，旅游涉入度不同的情境下，可达性对内在动机的影响分别为（低：β=0.087，p=0.167；高：β=0.380，$p < 0.001$），组间临界比值为 -3.632（$\geqslant \pm 1.965$），说明组间差异达到 0.050 的显著性水平，即个体高涉入度情境下，打卡地的可达性更容易唤起个体的内在动机，低涉入度情境下无影响。在打卡地特征对外在动机的影响路径中，旅游涉入度不同的情境下，知名度对外在动机的影响分别为（低：β=0.140，p=0.021；高：β=0.067，p=0.432），组间临界比值为 -2.753（$\geqslant \pm 1.965$），说明组间差异达到 0.05 的显著性水平，说明旅游涉入度的高低对知名度和外在动机的调节作用显著，即个体高涉入度情境下，打卡地的知名度更容易唤起个体的外在动机，低涉入度情境下无影响。

另外，圈层认可度和可达性对外在动机的影响关系中，组间临界比值分别为 2.966 和 3.205（≥±1.965），说明组间差异达到 0.05 的显著性水平，结果显示在低涉入度情境下，打卡地的圈层认可度（低：β=0.201，p=0.006；高：β=0.187，p=0.010）和可达性（低：β=0.426，$p<0.001$；高：β=0.370，$p<0.001$）对外在动机的影响更高。除此之外，娱乐性对内在动机的影响路径虽然存在差异（低：β=0.066，p=0.326；高：β=0.160，p=0.019），但不存在统计学上的显著性差异（$C.R.$=0.979<±1.965）。基于以上结果分析，旅游涉入度对假设路径起到部分调节作用，H5 部分成立。

表 9　调节作用检验结果

路径			旅游涉入度				临界比值（C.R.）
			低涉入度（N=223）		高涉入度（N=182）		
			β	p	β	p	
奇特性	→	内在动机	0.187	***	0.450	***	0.979
娱乐性	→		0.066	0.326	0.160	0.019	0.022
知名度	→		0.066	0.287	0.068	0.252	0.621
圈层认可	→		0.271	***	−0.034	0.672	2.129
可达性	→		0.087	0.167	0.380	***	−3.632
奇特性	→	外在动机	−0.031	0.596	0.109	0.117	1.543
娱乐性	→		0.015	0.783	0.062	0.303	0.588
知名度	→		0.140	0.021	0.067	0.432	−2.753
圈层认可	→		0.201	0.006	0.187	0.010	2.966
可达性	→		0.426	***	0.370	***	3.205
内在动机	→	打卡地情感	0.201	***	0.241	***	0.471
	→	打卡意愿	0.207	0.001	0.250	0.024	0.356

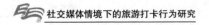

续表

路径			旅游涉入度				临界比值（C.R.）
			低涉入度（N=223）		高涉入度（N=182）		
			β	p	β	p	
外在动机	→	打卡地情感	0.411	***	0.325	***	−0.925
	→	打卡意愿	0.042	0.597	0.132	0.200	0.719

注：***p < 0.001。

5.5.3　结果讨论

本章基于动机视角对旅游打卡现象的行为路径进行了实证研究，从打卡者的视角构建了打卡现象的实现路径和动机视角模型。揭示了打卡地的多维特征对不同打卡动机的影响，以及不同动机对个体打卡意向意愿的影响机制，具体研究结论如下。

（1）丰富了旅游打卡行为的研究，构建了打卡目的地 5 个维度的重要特征，对先行研究做了重要的补充（Bian & Zhu，2020；Yan et al.，2022）。打卡地特征与打卡动机的影响关系中，研究归纳的打卡地特征有奇特性、娱乐性、知名度、圈层认可度和可达性。具体来看，本章归纳的打卡地特征中的奇特性、娱乐性和可达性均属于打卡地本身具备的拉力因素，而知名度、圈层认可度属于对外传播力视角下的拉力因素，其中除娱乐性对个体外在动机的影响关系没有得到验证外，其余打卡地特征均对内外动机产生正向影响。旅游打卡作为一种旅游行为，打卡地同样需要多种属性的打卡地特征作为吸引物来满足不同个体的打卡需求。一方面，打卡者需要奇特性、娱乐性、可达性等打卡地本身具备的特征来满足自我内在需求；另一方面，同样需要打卡地知名度和圈层认可度的特征来彰显自己的打卡外在动机。

（2）进一步丰富了旅游动机的相关研究，揭示了打卡动机区别于传统旅游动机的两个方面（Nguyen et al.，2019；Chang et al.，2020；Yang et al.，2023）。在打卡动机对打卡意向意愿的影响关系中，研究将个体的打卡动机分为内在动机和外在动机，内在动机是满足个体内在需要，包括缓解压力、逃离日常、追求自我等；外在动机是满足个体外在需要，包括体验生活、交流与社交、了解历史文化与社会风俗等。具体来看，个体内在动机得到满足时，会产生愉悦、兴奋和向往的打卡地情感，并影响其打卡意愿；但个体的外在动机得到满足时，同样会产生愉悦、兴奋和向往的打卡地情感，但并不会影响其打卡意愿。这表明个体的旅游打卡意向意愿存在多种动机驱使，不同动机对行为意愿的影响不同。需要指出的是，旅游分享中内在动机影响其分享意愿，并不影响其行为（王晓蓉等，2017），但旅游打卡作为社交媒体上的自我呈现方式，动机对行为意愿的影响存在不同，后续可进一步进行拓展研究。

（3）呼应了传统旅游研究的相关结果，旅游涉入度在旅游打卡的实现路径中依然存在调节作用（Campos et al.，2017；Wang et al.，2021；Abbasi et al.，2023）。首先，个体的旅游涉入度调节了圈层认可度对内在动机的影响作用。低涉入度的情境下，打卡地的圈层认可度更容易唤起个体的内在动机，高涉入度情境下无影响。可见，旅游涉入度低的群体更加注重他者及周围人对打卡的认可和评价，以此来满足自我的内在动机，而旅游涉入度高的群体由于对旅游品位的追求，对打卡地的圈层认可度并不在意。其次，个体的旅游涉入度调节了打卡地可达性对内在动机的影响作用。高涉入度的情境下，打卡地的可达性更容易唤起个体的内在动机，低涉入度情境下无影响。可见，旅游涉入度高的群体更加注重打卡地的可达性，会以此来判断打卡实施的可行性，而旅游涉入度

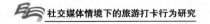

低的群体本身对旅游的追求不高，因此也不会挑战打卡地的可达性。另外，个体的旅游涉入度调节了打卡地知名度对外在动机的影响作用。低涉入度的情境下，打卡地的知名度更容易唤起个体的外在动机，高涉入度情境下无影响。可见，旅游涉入度低的群体对打卡地的知名度有一定要求，而旅游涉入度高的群体基于对旅游的品位和追求，满足外在动机与打卡地是否知名无关。

第 6 章

总结与展望

6.1　总体研究结论

　　社交媒体和移动技术对游客和旅游业的影响体现在多个方面，游客发布在社交媒体上的游记、照片和评论可以影响游客选择旅行目的地；受到社交媒体信息来源的影响，游客可能会更倾向于选择被认为热门或者有趣的目的地。此外，社交媒体也为游客提供了获取目的地信息和规划旅游行程的渠道，使得他们可以更加全面地了解目的地的特色和各种活动。另外，正面的分享和推荐可能会促使其他人选择同样的目的地或活动，而负面的评论则可能会对游客做出不同的选择。当下旅游打卡已成为一种潮流，并表现出对旅游景点的强大推动力。但旅游打卡并不等同于一般意义上的旅游分享，在动机前置、旅游信息呈现和对景点影响机制等方面均不相同。本书围绕是什么驱动了旅游打卡以及旅游打卡为什么具有强大的力量等核心问题，通过扎根理论的质性研究和数据导向的实证研究，揭示了旅游打卡驱动路径与循环机制的诸多问题。依次通过情景实验法、扎根理论的质性方法、调查问卷的实证研究法，研究了信息来源和旅游动机对网红景点旅游意向的影响、社交媒体上旅游打卡的驱动路径与循环加速机制、旅游打卡意欲何为三个核心问题，详细的研究结论如下：

（1）研究一：社交媒体上旅游打卡的驱动路径与循环机制——基于扎根理论的研究

研究一以旅游打卡者为对象，运用扎根理论对打卡地特征、打卡动机和个体展示策略的构成维度进行了逐步归纳，获得了个体打卡现象的两条驱动路径，形成了个体展示策略反作用于打卡地特征的良性循环机制，构建了旅游打卡驱动路径循环机制模型。从个体打卡动机视角明确了旅游打卡与旅游分享的差异，丰富了旅游营销与游客行为研究的理论基础与实践内涵。具体研究结论如下：

首先，研究揭示了打卡的两条驱动路径，分别是外部驱动路径和内部驱动路径。两条路径最终都导致游客在社交媒体上的仪式性表达（打卡），但驱动因素和动机却不相同。具体来说，外部驱动路径是一条社会化动机驱动的路径，游客试图满足炫耀、社会认同、交际等动机，倾向于选择具有知名度、美誉度、圈层认可度和热度等属性的景点。这条路径主要是由于社交媒体的社交属性所产生的，通过在社交媒体上的打卡行为，可以很好地满足社会化动机。而内部驱动路径则是一条内在动机驱动的路径，游客试图满足好奇心、自我实现和休闲娱乐等动机，倾向于选择具有奇特性、纪念性、观赏性和文创性等属性的景点。内部驱动路径主要是由于移动互联网的便捷性，游客可以随时随地记录和保持生活信息。两条打卡驱动路径汇集于社交媒体上的打卡展示现象，并都通过心愿完成后的仪式化表达得以呈现。

其次，不同动机驱动的打卡展示策略不同。对一般的旅游分享而言，分享展示是旅游的后继行为，是旅游的副产品（金思扬，2020）。但对于旅游打卡来说，展示则是其核心。这表现为打卡动机成为旅游的前置动机，并影响着游客对旅游景点的选择。同时，不同的动机也会表现出不同的展示策略。即个体的外在动机需要被满足时，会更加注重打卡地的外显属性，并通过全面展示和深度美化的展示策略来满足炫耀、交际和获取社会认同的动机；与此相反，个体的内在动机需要被满足时，注重的则是打卡地景点本身具有的内在特征，并通过部分展示和普通美化的展示策略来满足好奇、自我实现和休闲娱乐的动机。所以，相比于内在动机所驱动的展示策略，外在社会化动机所驱动的展示策略会带来更大的信息异化和展示量。研究发现，旅游打卡中的深度美化，不仅仅是旅游分享中的选择性展示，也不是个人自我展示中的美化（Chua et al.，2016），而是对景点的多方面美化。但相比旅游信息分享带来的可信性（姚延波等，2021），旅游打卡的美化行为大大降低了分享的可信性特征，使旅游打卡成为旅游分享行为下的一种异化展示行为。

展示策略作为个体打卡的核心，展示范围和美化程度在循环机制中起到了明显的放大效应。从展示内容来看，个体基于外在动机的全面展示反作用于打卡地特征，成为打卡地外在特征美誉度、知名度、圈层认可度及热度的重要反馈；同时，全面展示也会激发潜在个体的好奇心，产生交叉路径的多重影响，尤其是个体的深度美化行为，更是对打卡地内在特征和外在特征传播的主要路径。基于内在动机的个体，针对特定人群的部分展示和普通美化不仅提高了旅游信息的定向传播效力，还大大提高了信息传播的精准性。同时，由于社交媒体和圈层是密切相关的概念，在不同社交媒体上向不同群体呈现自己的打卡内容，可以实现非惯常环境下身份认同的构建（周梦等，2023）。因此，部分展示必然带来潜在个体的模仿与追随，进一步形成行为仪式的互动与传播。

（2）研究二：信息来源和旅游动机对网红景点旅游意向的影响

研究二从动机理论和自我建构理论的视角出发，探索网红旅游景点信息来源对旅游意向的影响，为数字媒体时代旅游业的复苏提供可借鉴的实证理论依据。结论如下：

首先，不同的信息来源对潜在游客的刺激不同，微信朋友圈基于可信性对潜在游客的旅游意向有积极影响；微博旅游博主则基于专业性对潜在游客的旅游意向有更显著的正向影响。

其次，旅游信息刺激的情境下，基于潜在游客的旅游动机不同，对旅游意向的影响也会不同。微信朋友圈可信性的背景下，潜在游客的外在动机对旅游意向有更显著的影响；微博旅游博主专业性的背景下，潜在游客的内在动机对旅游意向有更显著的影响。本书的实证结果在不同旅游信息来源背景下，潜在游客的旅游动机也是影响潜在游客旅游决策的重要因素，结果拓宽了多维度复杂关系下不同旅游信息渠道的分析评价模型，为进一步研究互联网时代游客旅游意向形成机理提供了参考与指导。

最后，信息来源和旅游动机双重情境下，基于潜在游客的自我建构不同，对旅游意向的影响也会不同，信息来源的可信性和专业性、旅游动机和潜在游客自我构建之间存在交互作用。微信朋友圈可信性的背景下，持有外在动机的依存型自我建构潜在游客对旅游意向有更显著的影响；而持有内在动机的潜在游客则无显著差异。微博旅游博主专业性的背景下，持有内在动机的独立型自我建构潜在游客对旅游意向有更显著的影响；而持有外在动机的潜在游客则无显著差异。即持有外在动机的依存型自我建构的潜在游客会基于朋友圈的信任获取和接受网红旅游景点信息产生旅游意向；而持有内在动机的独立型自我建构的潜在游客会基于微博旅游博主的专业性获取和接受网红旅游景点信息产生旅游意向。

（3）研究三：旅游打卡地属性对打卡意向的实证研究——基于双重动机的视角

研究三基于动机视角对旅游打卡现象的行为路径进行了实证研究，从打卡者的视角构建了打卡现象的实现路径和动机视角模型。揭示了打卡地的多维特征对不同打卡动机的影响，以及不同动机对个体打卡意向意愿的影响机制，具体研究结论如下：

首先，研究丰富了旅游打卡行为的研究，构建了打卡目的地 5 个维度的重要特征，对以往研究做了重要的补充（Bian & Zhu，2020；Yan et al.，2022）。打卡地特征与打卡动机的影响关系中，研究归纳的打卡地特征有奇特性、娱乐性、知名度、圈层认可度和可达性。具体来看，归纳的打卡地特征中的奇特性、娱乐性和可达性均属于打卡地本身具备的拉力因素，而知名度、圈层认可度属于对外传播力视角下的拉力因素，其中除娱乐性对个体外在动机的影响关系没有得到验证外，其余打卡地特征均对内外动机产生正向影响。旅游打卡作为一种旅游行为，打卡地同样需要多种属性的打卡地特征作为吸引物来满足不同个体的打卡需求。一方面，打卡者需要奇特性、娱乐性、可达性等打卡地本身具备的特征来满足自我内在需求；另一方面，同样需要打卡地知名度和圈层认可度的特征来彰显自己的打卡外在动机。

其次，研究进一步丰富了旅游动机的相关研究，揭示了区别于传统旅游动机的两个方面（Nguyen et al.，2019；Chang et al.，2020；Yang et al.，2023）。打卡动机对打卡意向意愿的影响关系中，研究将个体的打卡动机分为内在动机和外在动机。内在动机是满足个体内在需要，包括缓解压力、逃离日常、追求自我等；外在动机是满足个体外在需要，包括体验生活、交流与社交、了解历史文化与社会风俗等。具体来看，个体内在动机得到满足时，会产生愉悦、兴奋和向往的打卡地情感，并影响其打卡意愿；但个体的外在动机得到满足时，同样会产生愉悦、兴奋和向往的打卡地情感，但并不会影响其打卡意愿。这表明个体的旅游打卡意愿存在多种动机驱使，不同动机对行为意愿的影响不同。需要指出的是，旅游分享中内在动机影响其分享意愿，并不影响其行为（王晓蓉等，2017），但旅游打卡作为社交媒体上的自我呈现方式，不同动机对行为意愿存在不同的影响，后续可进一步进行拓展研究。

最后，旅游涉入度对假设路径的调节作用关系中，涉入度对部分路径起到了显著的调节作用。首先，个体的旅游涉入度调节了圈层认可度对内在动机的影响作用。低涉入度的情境下，打卡地的圈层认可度更容易唤起个体的内在动机，高涉入度情境下无影响。可见，旅游涉入度低的群体更加注重他者及周围人对打卡的认可和评价，以此来满足自我的内在动机，而旅游涉入度高的群体由于对旅游品位的追求，对打卡地的圈层认可度并不在意。其次，个体的旅游涉入度调节了打卡地可达性对内在动机的影响作用。高涉入度的情境下，打卡地的可达性更容易唤起个体的内在动机，低涉入度情境下无影响。可见，旅游涉入度高的群体更加注重打卡地的可达性，会以此来判断打卡实施的可行性，而旅游涉入度低的群体本身对旅游的追求不高，因此也不会挑战打卡地的可达性。另外，个体的旅游涉入度调节了打卡地知名度对外在动机的影响作用。低涉入度的情境下，打卡地的知名度更容易唤起个体的外在动机，高涉入度情境下无影响。可见，旅游涉入度低的群体对打卡地的知名度有一定要求，而旅游涉入度高的群体基于对旅游的品位和追求，满足外在动机与打卡地是否知名无关。

6.2　研究贡献

（1）研究一：社交媒体上旅游打卡的驱动路径与循环机制——基于扎根理论的研究

旅游打卡作为一种新式旅游模式，反映的是个体旅游需求与景观价值的有机统一，更是旅游价值与旅游意义的重构。旅游借助社交媒体平台展现出了技术与需求的融合，为新式旅游的发展提供了全新的视角。根据研究结果，提出管理启示如下：

首先，社交媒体为旅游的多向传播提供了契机，为个体在线旅游行为研究提供了一个新的分析视角。社交媒体作为个体表达的展示性媒介，存在一定的相似性和趋同性。但旅游打卡并非简单的旅游与社交媒体的融合，而是旅游个体更高层次需求与价值的追求。一方面，网络媒体和社交媒体等带来的巨大流量，是打卡地美誉度、知名度、圈层认可度和热度的重要来源，这些打卡地的外在特征成为旅游个体炫耀、交际和获取认同的重要社会资本。另一方面，打卡者不仅仅是需要一张图片或一段视频，来彰显自己的打卡行为，同样有满足好奇、自我实现和休闲娱乐的内在需求是需要这种新式旅游模式来实现的。研究从打卡地体征、打卡动机、展示策略等方面探讨了打卡现象中的概念解构、实现路径与行为演化，完善了旅游打卡过程中个体需求与旅游传播的循环机制，有助于指导旅游部门进行旅游开发及旅游产业的未来发展及规划。

其次，社交媒体上的旅游打卡不仅是简单旅游分享，更多的是个体通过网络展演体现旅游价值的一种自我呈现。旅游打卡的展示策略带有不同的个体动机，多维打卡地特征的构建有利于满足打卡爱好者内在动机与外在动机的不同追求，为个体网络身份构建提供了广阔的空间。同时，个体在旅游打卡中的自我呈现增强了旅游消费市场与个体价值呈现之间的互动，明确了个体在接受旅游消费过程中的主观能动性，构建了旅游消费到自我呈现，再到文化消费的价值体现，研究意义有助于从中观层面解读新的旅游消费空间。

最后，旅游打卡反映了个体在旅游情境中，对休闲娱乐和价值追求的统一。对于旅游企业而言，打卡地特征作为驱动个体产生打卡动机的重要因素，旅游企业和旅游从业者可以有效利用和开发多样特征来满足不同打卡者的需求；对于个体而言，打卡不仅可以满足个体自我实现和休闲娱乐的内在需求，也是满足个体获取认同、交际与炫耀等外在需求的重要方式。在打卡过程中，打卡者为构建自己的良好形象，通过创造行为进行展示，为旅游发展提供了全新的传播视角。而个体的消费主义价值观把旅游打卡符号化，成为推动旅游打卡行为产生的重要外部条件。

（2）研究二：信息来源和旅游动机对网红景点旅游意向的影响

随着社交媒体的发展以及视听用户的广泛普及，基于社交媒体发展起来的网红旅游景点已经成为数字媒体时代潜在游客旅游出行的重要选择，研究二从动机理论和自我建构理论的视角出发，探索网红旅游景点信息来源对旅游意向的影响，为数字媒体时代旅游业的复苏提供可借鉴的实证理论依据。研究结论如下：

首先，不同的信息来源对潜在游客的刺激不同，微信朋友圈基于可信性对潜在游客的旅游意向有积极影响；微博旅游博主则基于专业性对潜在游客的旅游意向有更显著的正向影响。社交媒体背景下，旅游信息来源成为旅游营销领域重要的研究问题，如何通过合理的信息传播手段吸引潜在游客成为学界和旅游开发行业持续关注的问题。研究二实证了微信朋友圈作为信息来源的可信性比专业性对潜在游客旅游意向有更显著的积极影响，而微博旅游博主作为信息来源的专业性比可信性对潜在游客旅游意向有更显著的积极影响。因此，不同的旅游景点信息来源会对潜在游客的旅游决策产生不同的影响，微信朋友圈中分享的网红旅游景点信息更侧重于好友间的信任，而微博旅游博主发布的网红旅游信息更需着重于专业知识。研究二从旅游信息源最初阶段扩展了网红景点旅游意向的研究领域，为网红景点信息营销提供更加有效的理论依据。

其次，旅游信息刺激的情境下，基于潜在游客的旅游动机不同，对旅游意向的影响也会不同。微信朋友圈可信性的背景下，潜在游客的外在动机对旅游意向有更显著的影响；微博旅游博主专业性的背景下，潜在游客的内在动机对旅游意向有更显著的影响。研究二的实证结果在不同旅游信息来源背景下，潜在游客的旅游动机也是影响潜在游客旅游决策的重要因素，结果拓宽了多维度复杂关系下不同旅游信息渠道的分析评价模型，为进一步研究互联网时代游客旅游意向形成机制提供了参考与指导。

最后，信息来源和旅游动机双重情境下，基于潜在游客的自我建构不同，对旅游意向的影响也会不同，信息来源的可信性和专业性、旅游动机和潜在游客自我构建之间存在交互作用。微信朋友圈可信性的背景下，持有外在动机的依存型自我建构潜在游客对旅游意向有更显著的影响；而持有内在动机的潜在游客则无显著差异。微博旅游博主专业性的背景下，持有内在动机的独立型自我建构潜在游客对旅游意向有更显著的影响；而持有外在动机的潜在游客则无显著差异。即持有外在动机的依存型自我建构的潜在游客会基于朋友圈的信任获取和接受网红旅游景点信息产生旅游意向；而持有内在动机的独立型自我建构的潜在游客会基于微博旅游博主的专业性获取和接受网红旅游景点信息产生旅游意向。研究二将自我建构理论与信息源特征，旅游动机相结合，从消费者导向的角度考察了独立型和依存型自我建构在信息源采用处理过程中的动态变化，丰富了对潜在游客旅游意向形成路径的研究机制，将自我建构理论扩展到利用社交媒体搜集网红旅游信息的研究领域，为后续关于潜在游客旅游意愿的研究提供参考与借鉴。

（3）研究三：旅游打卡地属性对打卡意向的实证研究——基于双重动机的视角

研究三基于动机视角构建了旅游打卡意向路径模型，丰富了旅游消费者行为的理论研究，为旅游营销提供管理启示如下：

首先，研究三基于先行研究归纳了打卡地的多维特征，不同特征会唤起个体不同的打卡动机。以往有关旅游推拉理论的研究，将吸引游客的目的地因素归纳为推力因素和拉力因素（Whyte，2017；Yi et al.，2019；Sinambela，2021；Zhang et al.，2022），研究三对打卡地特征的分类是基于拉力因素的再分类，奇特性、娱乐性、可达性属于打卡地本身具备的拉力因素，而知名度、圈层认可度是对外传播力视角下的拉力因素。不同的拉力因素同样会产生不同的打卡动机，研究内容为企业和地区的旅游开发和营销提供了新的视角，有助于从宏观层面指导旅游产业的未来发展。

其次，随着旅游边界的扩张，潜在游客的动机、需求与行为意向深刻影响着地区的旅游建设与开发。基于动机视角明确了旅游打卡现象的实现机制，在旅游打卡研究中论证了内在动机和外在动机的多重作用，明确了旅游打卡现象的形成机制，为社交媒体下新式旅游模式的发展提供了实践参考，同时也为旅游行为研究提供了理论依据。值得注意的是，个体的内在动机对打卡地情感和打卡意向都有积极的影响，验证了打卡者注重精神层面的需求（YAN et al.，2022）和树立求新求异的形象（柳莹，2021）等学者的理论推断；而外在动机只是触发了个体的打卡地情感，对打卡意向没有显著的影响。因此，地区旅游建设与开发应充分考虑目的地本质、特性和吸引物的拉力因素，以此满足不同个体的动机需求。

涉入度作为衡量个体感情投入和心理状态的重要因素，对深入了解旅游打卡的行为路径发挥了重要的作用。以往有关旅游的研究证实了涉入度越高，对目的地的印象和体验越好（Yen & Teng，2015；Abbasi et al.，2023），研究三呼应了以往的相关研究，同样证实了旅游涉入度不同情况下，打卡地特征对唤起个体打卡动机的影响不同，尤其是圈层认可度和可达性对个体的内在动机，以及知名度对个体的外在动机的影响路径出现了显著的差异性。因此结果来看，旅游打卡地的建设与开发不仅需要重视开发多维的目的地特征吸引物，还需要满足不同涉入度潜在群体的打卡需求。

6.3　局限性

本书围绕是什么驱动了旅游打卡以及旅游打卡为什么具有强大的力量等核心问题，通过扎根理论的定性研究和数据导向的定量研究，揭示了旅游打卡驱动路径与循环机制的诸多问题。研究内容存在诸多不足，主要体现在以下方面：

第一，研究一基于扎根理论研究对旅游打卡现象进行了探索，构建了旅游打卡过程中的驱动路径及循环机制模型。研究内容上还存在一些后续补充和不足之处。首先，旅游打卡地的类型众多，比如有自然景观、人文景观，还有人为景观等，此部分内容没有针对某一类别的打卡地进行选择控制，导致研究结果的可信性和普适性存在一定局限，后续可对打卡地进行分类来细化此类相关研究。其次，基于扎根理论的研究范式，归纳了旅游打卡过程中的驱动路径和机理模型，但对旅游打卡现象的产生过程缺乏完整的解释力，后续可在此部分研究的基础上，对核心概念进行量表开发并进行有关定量研究的相关检验。最后，个体旅游打卡的社交平台存在一定的差异性，不同的社交媒体有不同的特征和功能，本研究未对社交媒体平台进行一定的控制，未来可根据平台特征进行交叉检验来扩展更大的研究空间。

第二，研究二由于实验条件的局限性，未来还需要对后续研究的完善和不足之处进行改进。首先，此部分研究选择了日常生活中常用的社交媒体微信朋友圈和微博旅游博主作为两种不同的信息来源，相关假设虽然在研究中已得到实证，但所得结论不具备普遍性，对整体社交媒体行业的解释力存在局限性，未来可选择其他的社交媒体进一步验证会更有意义。其次，基于实验刺激的方式检验了潜在游客的旅游动机和自我建构探讨了不同旅游信息来源对旅游意向的影响，可能还存在其他更重要的因素会影响潜在游客的旅游意向，后续研究有待进一步探索。最后，微博旅游博主作为信息来源的实验样本使用问卷星对陌生群体进行收集，虽然满足了外部效度，但是样本的同质性无法满足，后续研究可以采用相同的群体为样本进一步验证。

第三，研究三基于动机视角对中国热门的旅游打卡地进行了实证研究，旅游打卡的现有研究主要集中在现象表面，实证层面的拓展研究并不充分，此部分研究也存在一定不足，有待后续的完善和改进。首先，旅游打卡的概念存在一定的模糊性，因此对被试没有进行很好的选择与控制，仅用简单的理论背景向被试进行了一定的交代后，进行了数据回收。后续可根据研究需要，进行实验法或进行打卡地（Daka destinations）实地数据的回收，来增加研究的生态效度。其次，旅游打卡地的类型繁多，例如，文化古迹、自然景观等，不同类型的打卡地特征也存在一定的差异性，研究三没有针对某一类别的打卡地进行特征的选择和界定，后续可针对不同的打卡地类型进行细分，以便获取更精准的研究结论。最后，从研究的人口统计学数据来看，样本存在不均衡的情况，因此推断不同群体特征对旅游打卡的态度和认知存在差异，后续可根据不同群体的偏好和态度进行组间比较，来丰富旅游打卡现象不同维度的研究深度。

6.4 结语

随着社交媒体的普及和发展，旅游打卡已经成为中国游客喜爱的一种新式旅游模式。这种现象不仅在中国社交媒体上普遍存在，而且已经成为全球游客旅游活动中的一种新潮流（Arts et al.，2021；Campbell et al.，2022）。旅游打卡不仅仅是一种旅游行为，更是一种社会文化现象和全球旅游业的新趋势。然而，我们也应该认识到，旅游打卡现象所带来的影响是"双刃剑"，既有促进旅游业发展的积极作用，也有可能带来一些负面问题。因此，我们需要以更加审慎和负责任的态度来对待和引导这一现象，本书旨在深入探讨旅游打卡现象，并呼吁国际学者和旅游企业共同关注和推动这一现象，为世界旅游的发展做出贡献。

旅游打卡，作为一种在社交媒体上传播旅游打卡的行为，通常指游客在旅游目的地拍摄照片或录制视频，并通过社交媒体分享给他们的朋友、家人和关注者。这些打卡通常发生在旅游景点、著名建筑或风景胜地等地方，以展示游客的旅游经历和体验（旅游打卡与 Instagrammable 的词义类似）。与传统旅游相比，旅游打卡更加注重对瞬间的捕捉和分享，而不仅仅是游览景点本身。旅游打卡行为通常发生在社交媒体平台上，如微信、微博、Instagram 等。游客通过在这些平台上发布照片或视频来分享他们的旅游体验，与他人交流和互动。打卡不仅仅是为了记录旅游的地点和风景，更重要的是展示游客的旅游体验和情感。游客通过打卡来表达自己对旅行的喜爱和热情，同时也可以激发其他人的旅游兴趣。旅游打卡已经成为一种全球性的旅游潮流，在许多国家和地区都能见到类似的现象。不少旅游目的地甚至将打卡点作为吸引游客的重要卖点，通过打卡点的设计和宣传来吸引更多游客。

旅游打卡现象作为一种新兴旅游模式，已深刻融入旅游业的发展脉络，成为传统旅游方式不可或缺的补充与拓展。从旅游业发展视角来看，社交媒体助力下的旅游打卡极大地提升了旅游目的地的知名度与影响力，吸引了更多潜在游客，为地方旅游经济注入了新活力，对旅游市场的繁荣起到了积极的推动作用。在社会文化层面，旅游打卡不再局限于个体的旅游体验，而是成为了跨文化交流的桥梁。通过社交媒体平台，游客能够跨越地域与文化的界限，与全球各地的人们互动交流，增进不同文化间的理解与友谊，促进文化的多元共生与融合。对于个人行为而言，旅游打卡已成为游客展示个人形象与生活方式的重要途径。人们借助精心拍摄与分享的打卡照片，在社交圈中塑造自身独特的形象与地位，反映出当下社会人们对自我表达和社交认同的追求。然而，我们也应清醒地认识到，旅游打卡现象在带来诸多积极影响的同时，也可能引发一些问题。例如，过度追求打卡效果可能导致游客忽视旅游的本质体验，造成旅游地的过度商业化和同质化等。未来的研究可聚焦于如何引导旅游打卡现象健康发展，平衡其带来的利弊，以实现旅游业的可持续发展、社会文化的和谐交流以及个人旅游体验的真正提升。

旅游打卡现象的产生与发展对旅游业产生了深远且多维度的影响，既带来了不可多得的机遇，也提出了严峻的挑战。国际学者与旅游企业作为推动旅游业发展的关键力量，肩负着不可推卸的责任与义务。从科学研究层面来看，学者们积极投身于对旅游打卡现象的研究与分析，这是极具前瞻性与战略性的举措。通过深入探究其对旅游业、社会文化以及个人行为的影响机制，能够为政府、企业及相关机构的决策提供坚实的科学依据与精准的建议。这有助于在宏观层面把握旅游打卡现象的发展趋势，制定出更贴合实际、更具引导性的政策和规划，从而推动旅游业朝着更加健康、有序的方向发展。在旅游企业建设方面，积极利用社交媒体平台，围绕打卡现象优化旅游产品和服务，是企业适应市场变化、提升竞争力的必然选择。设计更具吸引力的打卡点，提供优质的旅游体验，不仅能满足游客日益多样化的需求，还能在激烈的市场竞争中脱颖而出，吸引更多游客，促进旅游消费。这对于推动旅游行业的创新发展和转型升级具有重要意义。同时，我们必须清醒地认识到旅游打卡现象可能带来的负面影响。旅游资源过度开发、文化传统保护不力以及环境生态破坏等问题，都可能对旅游业的可持续发展造成严重威胁。因此，国际学者和旅游企业在推动旅游打卡现象发展的过程中，应高度关注这些潜在风险，将可持续发展理念贯穿于旅游业的各个环节。

综上所述，旅游打卡现象的研究与实践是一个复杂而系统的工程，需要国际学者和旅游企业携手合作，共同应对机遇与挑战。通过加强研究、创新实践、强化监管和推动可持续发展，我们有望充分发挥旅游打卡现象的积极作用，实现旅游业的繁荣与全球旅游事业的可持续发展。未来，仍需进一步深入研究旅游行为变化，不断探索适应时代发展的旅游模式和管理策略，为全球旅游事业的长远发展贡献更多智慧和力量。

让我们携手，共同构建一个更加可持续、负责任的旅游未来。

致　谢

　　光阴似箭，岁月如梭，转眼间我的博士后研究工作已近尾声。回顾这段旅程，心中感慨万千。这一路走来，我深知正是许多人的无私帮助和默默支持，才让我克服困难顺利完成博士后的研究工作。

　　在这段充满挑战的旅程中，首先要感谢桂林电子科技大学以及商学院对我博士后工作的支持，让我得以有机会提升自己的科研能力，接触到了更好的科研环境和学术资源。同样感谢海南大学博士后流动站提供的科研环境和条件，并在各个方面给予了我最大的关怀和支持。海大的风是甜的，海口的夕阳令人沉醉。

　　其次，我要感谢导师孙洪杰教授。教授在博士后期间给予了无私的指导和帮助。无论是在研究思路的开拓，还是在具体问题的解决上，教授总是耐心地给予我宝贵的意见和建议。同样感谢流动站的领导和参与我开题、中期以及出站答辩的评审专家，答与辩之间的学术精进时刻感染和激励着我。另外，我还要感谢我们研究团队的每一位成员，组会时探索与灵感的碰撞予了我极大的精神鼓舞和启发，师妹们的友好与合作让我在科研工作中倍感温暖。

最后，我要感谢我的家人，家人的陪伴和关怀是我不断前行的动力，他们的无私付出和无尽关爱让我在科研的道路上充满信心。博士后的研究生涯虽然辛苦，但也充满了收获和感动。最后再一次向言及与未言及的各位表示衷心的感谢，大家的帮助和支持亦是我人生旅程中最宝贵的财富！

谨以此致谢

参考文献

［1］敖鹏.网红为什么这样红？——基于网红现象的解读和思考［J］.当代传播，2016（4）：40-44.

［2］陈岗，钱冲，麻丽芳.游客摄影：旅游吸引物标志的识别与转化［J］.旅游科学，2020，34（4）：89-101.

［3］陈莹盈，林德荣.强关系网络移动社交平台旅游分享行为研究——基于微信与QQ用户的资料分析［J］.旅游学刊，2020，35（4）：89-103.

［4］段训梁，祝东.媒介仪式中的网红地旅游打卡与纠偏策略［J］.青年记者，2023（14）：70-72.

［5］符运政，耿静，胡庆晨.大学生无景点旅游动机及市场开发对策［J］.资源开发与市场，2016，32（2）：249-252，239.

［6］郭永锐，张捷，卢韶婧，等.旅游者恢复性环境感知的结构模型和感知差异［J］.旅游学刊，2014，29（2）：93-102.

［7］郝萌，张春晖.草原旅游地属性、感知价值、游客欣喜与重游意愿的关系——以陕西关山草原为例［J］.草业科学，2022，39（9）：1953-1967.

［8］胡婷，张朝枝.拥挤会唤醒游客负面情绪吗？基于泰山观日情境的实证研究［J/OL］.南开管理评论：1-17［2023-09-30］.

［9］蒋晓丽，郭旭东.媒体朝圣与空间芭蕾："网红目的地"的文化形成［J］.现代传播（中国传媒大学学报），2020，42（10）：12-17.

［10］金思扬.旅游分享及其在旅游产业发展中的作用［J］.广西社会科学，2020，304（10）：71-76.

［11］李桂莎，张海洲，陆林，等.旅游宣传片影响下的目的地形象感知过程研究——巴厘岛案例的实验探索［J］.人文地理，2019，34（6）：146-152.

［12］李淼，谢彦君.以博客为舞台：后旅游体验行为的建构性诠释［J］.旅游科学，2012，26（6）：21-31.

［13］李明艳，李建标.旅游者参与行为的结构研究——以自由行旅游者为例［J］.旅游学刊，2017，32（6）：19-28.

［14］李如友.旅游者自我建构对面子消费行为的影响［J］.旅游科学，2018，32（5）：30-43.

［15］梁赛，田佳佳，刁建超，等.基于三维度理论的游客在线评分情感异质性及影响因素研究［J/OL］.南开管理评论：1-29［2023-09-30］.

［16］柳莹.青年网红打卡文化的符号消费及反思［J］.江西社会科学，2021，41（9）：238-245.

［17］龙睿，吴旭云.消费者社交网络嵌入对旅游态度的影响——基于江浙沪部分城市的实证数据［J］.社会科学家，2020，281（9）：45-51.

［18］马向阳，杨颂，汪波.大陆游客涉入度与文化认同对台湾旅游目的地形象的影响［J］.资源科学，2015，37（12）：2394-2403.

［19］王华，马志新.川藏线骑行者旅游动机与主观幸福感关系研究——旅游满意度的中介作用［J］.旅游科学，2020，34（6）：53-65.

［20］王晓蓉，彭丽芳，李歆宇.社会化媒体中分享旅游体验的行为研究［J］.管理评论，2017，29（2）：97－105.

［21］王一华.社交媒体信息可信度评估研究综述［J］.现代情报，2016，36（12）：164-169.

［22］王昀，徐睿.打卡地的网红化生成：基于短视频环境下用户日常实践之分析［J］.中国青年研究，2021（2）：105-112.

［23］鄢方卫，舒伯阳，赵昕，等.世俗体验还是精神追求？——消费主义背景下网红旅游打卡的归因研究［J］.旅游学刊，2022，37（6）：94-105.

［24］姚延波，贾广美.社交媒体旅游分享对潜在旅游者冲动性旅游意愿的影响研究：基于临场感视角［J］.南开管理评论，2021，24（3）：72-82.

［25］易小力，蓝天一，郑春晖.推拉动机对存在原真性和忠诚度的影响实证研究——以福建土楼为例［J］.人文地理，2019，34（2）：143-151.

［26］殷紫燕，黄安民.网红旅游打卡地属性及口碑传播机制研究［J］.资源开发与市场，2023，39（10）：1400-1408.

［27］曾一果，凡婷婷.重识"地方"：网红空间与媒介地方感的形成——以短视频打卡"西安城墙"为考察中心［J］.新闻与传播研究，2022，29（11）：71-89，128.

［28］张海艳，黄越.社交场域个体叙事的逻辑、特质与困境反

思［J］.中州学刊，2021（10）：167-172.

［29］张可，许可，吴佳霖，等.网红短视频传播对消费者旅游态度的影响——以丁真走红现象为例［J］.旅游学刊，2022，37（2）：105-119.

［30］张骁鸣，常璐.拟剧理论视角下的旅游网络社区人际互动研究——以豆瓣网"穷游"社区为例［J］.旅游学刊，2019，34（7）：98-109.

［31］张思岛，郭琦.基于涉入理论的旅游目的地品牌忠诚度研究——以丽江市为例［J］.旅游科学，2020，34（1）：36-49.

［32］张争，靖鸣.表演性观众：数字化生存与电影受众的媒介身份重构［J］.新闻爱好者，2023（12）：85-88.

［33］周梦，卢小丽，朱静敏，等.媒介朝圣视角下非景区型网红旅游地的探索性研究［J］.旅游科学，2023，37（1）：59-74.

［34］周奇美，赖清清.左之，右之？游客景区游览方向偏好特征、影响因素与机制［J］.旅游学刊，2022，37（6）：55-68.

［35］朱竑，蔡晓梅，苏晓波，等."晒"与"赞"：微信时代旅游体验的互动建构［J］.旅游学刊，2020，35（10）：96-108.

［36］朱灵艳.私人生活公共化：女性"网红"现象背后的个人与社会［J］.中国青年研究，2016（11）：17，18-23.

［37］Abbasi A Z, Tsiotsou R H, Hussain K, et al. Investigating the impact of social media images' value, consumer engagement, and involvement on eWOM of a tourism destination: A transmittal mediation approach［J］. Journal of Retailing and Consumer Services, 2023, 71: 103231.

［38］Albayrak T, Caber M. Destination attribute effects on rock

climbing tourist satisfaction: an Asymmetric Impact-Performance Analysis［J］. Tourism Geographies, 2016: 1-17.

　　［39］Altnay M, Güçer E, Bağ C. Consumer behavior in the process of purchasing tourism product in social media［J］. İşletme Araştırmaları Dergisi, 2017.

　　［40］Altnay M, Evren Güer, Ba C. Consumer Behavior in the Process of Purchasing Tourism Product in Social media［J］. Journal of Business Research, 2017, 9（1）: 381-402.

　　［41］Amaro S, Duarte P, Henriques C. Travelers' use of social media: A clustering approach［J］. Annals of Tourism Research, 2016, 59: 1-15.

　　［42］Amaro S, Duarte P. Social media use for travel purposes: a cross cultural comparison between Portugal and the UK［J］.Information Technology & Tourism, 2017, 17（2）: 1-21.

　　［43］Ana, María, Munar, et al. Motivations for sharing tourism experiences through social media［J］. Tourism Management, 2014, 43: 46-54.

　　［44］Arts I, Fischer A, Duckett D, et al. The Instagrammable outdoors-Investigating the sharing of nature experiences through visual social media［J］. People and Nature, 2021, 3（6）: 1244-1256.

　　［45］Baber R, Baber P. Influence of social media marketing efforts, e-reputation and destination image on intention to visit among tourists: application of SOR model［J］. Journal of Hospitality and Tourism Insights, 2023, 6（5）: 2298-2316.

　　［46］Bagozzi R P, Yi Y. Specification, evaluation, and interpretation of structural equation models［J］. Journal of the academy of marketing science, 2012, 40: 8-34.

［47］Beerli A, Martin J D. Factors influencing destination image［J］. Annals of tourism research, 2004, 31（3）: 657-681.

［48］Beerli A, Martın J D. Tourists' characteristics and the perceived image of tourist destinations: a quantitative analysis—a case study of Lanzarote, Spain［J］. Tourism management, 2004, 25（5）: 623-636.

［49］Belch G E, Belch M A. Advertising and promotion: An integrated marketing communications perspective［M］. mcgraw-hill, 2018.

［50］Bian R, Zhu M. The relationship between ritual, personal involvement and travel intention: a study of DAKA-travel on DouYin［J］. American Journal of Industrial and Business Management, 2020, 10（2）: 451.

［51］Bieger T, Laesser C. Information sources for travel decisions: Toward a source process model［J］. Journal of travel research, 2004, 42（4）: 357-371.

［52］Biswas C, Deb S K, Hasan A A T, et al. Mediating effect of tourists' emotional involvement on the relationship between destination attributes and tourist satisfaction［J］. Journal of Hospitality and Tourism Insights, 2021, 4（4）: 490-510.

［53］Bonn M, A. International versus Domestic Visitors: An Examination of Destination Image Perceptions［J］. Journal of Travel Research, 2005, 43（3）: 294-301.

［54］Boto-García D, Baños-Pino J F. Social influence and bandwagon effects in tourism travel［J］. Annals of tourism research, 2022, 93: 103366.

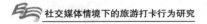

［55］Bronner F，De Hoog R. Comparing conspicuous consumption across different experiential products：Culture and leisure［J］. International Journal of Market Research，2019，61（4）：430-446.

［56］Bronner F，De Hoog R. Conspicuous consumption and the rising importance of experiential purchases［J］. International Journal of Market Research，2018，60（1）：88-103.

［57］Buhalis D，Law R. Progress in information technology and tourism management：20 years on and 10 years after the Internet—The state of eTourism research［J］. Tourism management，2008，29（4）：609-623.

［58］Bullingham L，Vasconcelos A C. "The presentation of self in the online world"：Goffman and the study of online identities［J］. Journal of Information Science，2013，39（1）：101-112.

［59］Cai L A，Feng R，Breiter D. Tourist purchase decision involvement and information preferences［J］. Journal of Vacation Marketing，2004，10（2）：138-148.

［60］Campbell C，Sands S，Montecchi M，et al. That's so instagrammable! Understanding how environments generate indirect advertising by cueing consumer-generated content［J］. Journal of Advertising，2022，51（4）：411-429.

［61］Campbell S，Greenwood M，Prior S，et al. Purposive sampling：complex or simple? Research case examples［J］. Journal of research in Nursing，2020，25（8）：652-661.

［62］Campos A C，Mendes J，do Valle P O，et al. Co-creating animal-based tourist experiences：Attention，involvement and memorability [J] . Tourism management, 2017, 63: 100-114.

[63] Chang Y, Hou R J, Wang K, et al. Effects of intrinsic and extrinsic motivation on social loafing in online travel communities [J] . Computers in Human Behavior, 2020, 109: 106360.

[64] Cheong S M, Miller M L . Power and tourism—a foucauldian observation [J] . Annals of Tourism Research, 2000, 27 (2): 371-390.

[65] Chao P, Wührer G, Werani T. Celebrity and foreign brand name as moderators of country-of-origin effects [J] . International journal of advertising, 2005, 24 (2): 173-192.

[66] Chen Y, Lin Z, Filieri R, et al. Subjective well-being, mobile social media and the enjoyment of tourism experience: a broaden-and-build perspective [J] . Asia Pacific Journal of Tourism Research, 2021, 26 (10): 1070-1080.

[67] Chen Y, Zhao J, Ding J, et al. Use self-construction theory to understand Daka destination information sources and motivation impact on tourism intention [J] . Frontiers in Psychology, 2022, 13: 928331.

[68] Chen Y C, Shang R A, Li M J. The Effects of Perceived Relevance of Travel Blogs' Content on the Behavioral Intention to Visit a Tourist Destination [J] . Computers in Human Behavior, 2014, 30 (1): 787-799.

[69] Cheng W, Tsai H, Chuang H, et al. How can emerging event sustainably develop in the tourism industry? From the perspective of the SOR model on a two-year empirical study [J] . Sustainability, 2020, 12 (23): 10075.

[70] Choong K L, Yong K L, Bong K L. Korea's destination image

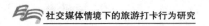

formed by the 2002 World Cup［J］. Annals of Tourism Research，2005，32（4）：839-858.

［71］Chu S C，Windels K，Kamal S. The influence of self-construal and materialism on social media intensity：A study of China and the United States［J］. International Journal of Advertising，2016，35（3）：569-588.

［72］Chua T H H，Chang L. Follow me and like my beautiful selfies：Singapore teenage girls' engagement in self-presentation and peer comparison on social media［J］. Computers in Human Behavior，2016，55（FEB.）：190-197.

［73］Cohen S A，Prayag G，Moital M. Consumer behaviour in tourism：Concepts，influences and opportunities［J］. Current issues in Tourism，2014，17（10）：872-909.

［74］Connell J，Ding X，McManus P，et al. Social media，popular culture and "soft heritage"：Chinese tourists in search of Harry Potter［J］. Tourist Studies，2021，21（4）：572-595.

［75］Cusella L P. The effects of source expertise and feedback valence on intrinsic motivation［J］. Human Communication Research，1982，9（1）：17-32.

［76］Dancausa Millán M G，Millán Vázquez de la Torre M G，Hernández Rojas R. Analysis of the demand for gastronomic tourism in Andalusia（Spain）［J］. PloS one，2021，16（2）：e0246377.

［77］Dann G M S. Anomie，ego-enhancement and tourism［J］. Annals of tourism research，1977，4（4）：184-194.

［78］David P，Marshall. The promotion and presentation of the self：celebrity as marker of presentational media［J］. Celebrity Studies，2010，1

（1）：35-48.

［79］Dedeoğlu B B，Taheri B，Okumus F，et al. Understanding the importance that consumers attach to social media sharing（ISMS）：Scale development and validation［J］. Tourism Management，2020，76：103954.

［80］Dedeoglu，Bora B，Taheri，et al. Understanding the importance that consumers attach to social media sharing（ISMS）：Scale development and validation［J］. Tourism Management，2020，76：103954.

［81］Dickinger A. The trustworthiness of online channels for experience-and goal-directed search tasks［J］. Journal of Travel Research，2011，50（4）：378-391.

［82］Dinhopl A，Gretzel U. Selfie-taking as touristic looking［J］. Annals of Tourism Research，2016，57（Mar.）：126-139.

［83］Du X，Liechty T，Santos C A，et al. "I want to record and share my wonderful journey"：Chinese Millennials' production and sharing of short-form travel videos on TikTok or Douyin［J］. Current Issues in Tourism，2022，25（21）：3412-3424.

［84］Edensor T . Staging tourism：tourists as performers［J］. 2000，27（2）：0-344.

［85］Edensor T. Sensing the ruin［J］. The Senses and Society，2007，2（2）：217-232.

［86］Egger I，Lei S I，Wassler P. Digital free tourism-An exploratory study of tourist motivations［J］. Tourism Management，2020，79：104098.

［87］Envelope D S A P，Envelope E W B，Envelope G K

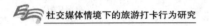

C. Consuming for content? Understanding social media-centric consumption ［J］. Journal of Business Research, 155 ［2023-06-12］.

［88］Feick L F, Price L L. The market maven: A diffuser of marketplace information ［J］. Journal of marketing, 1987, 51 (1): 83-97.

［89］Fornell C, Larcker D F. Evaluating structural equation models with unobservable variables and measurement error ［J］. Journal of marketing research, 1981, 18 (1): 39-50.

［90］Fotis J N, Buhalis D, Rossides N. Social media use and impact during the holiday travel planning process ［J］. Springer Vienna, 2012: 13-24.

［91］Frias D M, Rodriguez M A, Castañeda J A. Internet vs travel agencies on pre-visit destination image formation: An information processing view ［J］. Tourism Management, 2008, 29 (1): 163-179.

［92］Geng D C, Innes J L, Wu Seasonal Variation in Visitor Satisfaction and Its Management Implications in Banff National Park ［J］. Sustainability, 2021: 13.

［93］Gilly M C, Graham J L, Wolfinbarger M F, et al. A dyadic study of interpersonal information search ［J］. Journal of the academy of marketing science, 1998, 26 (2): 83-100.

［94］Glaser B. Discovery of grounded theory: Strategies for qualitative research ［M］. Routledge, 2017.

［95］Goffman E. The Representation of Self in Everyday Life ［M］. New York: Doubleday, 1959: 75-162.

［96］Goossens C. Tourism information and pleasure motivation ［J］.

Annals of Tourism Research, 2000, 27（2）: 301-321.

［97］Gorsuch R L. Factor analysis: Classic edition［M］. Routledge, 2014.

［98］Gross M J, Brown G. An empirical structural model of tourists and places: Progressing involvement and place attachment into tourism［J］. Tourism management, 2008, 29（6）: 1141-1151.

［99］Haldrup M, Larsen J. Tourism, Performance and the Everyday: Consuming the Orient［M］. London: Routledge, 2010: 3, 6-10.

［100］Han J, Ming Q, Shi P, et al. Analysis of the influence factors of tourist behavioral intention of video social media users: Based on mediation effects of trust［J］. Tour. Res, 2021, 13: 1-14.

［101］Hatipoglu B, Alvarez M D, Ertuna B. Barriers to stakeholder involvement in the planning of sustainable tourism: The case of the Thrace region in Turkey［J］. Journal of cleaner production, 2016, 111: 306-317.

［102］Hautz J, Füller J, Hutter K, et al. Let users generate your video ads? The impact of video source and quality on consumers' perceptions and intended behaviors［J］. Journal of Interactive Marketing, 2014, 28（1）: 1-15.

［103］Hays S, Page S J, Buhalis D. Social media as a destination marketing tool: its use by national tourism organisations［J］. Current Issues in Tourism, 2013, 16（3）: 211-239.

［104］Herbert D. Literary places, tourism and the heritage experience［J］. Annals of tourism research, 2001, 28（2）: 312-333.

［105］Holbrook M B, Hirschman E C. The experiential aspects of consumption: Consumer fantasies, feelings, and fun［J］. Journal of

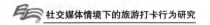
consumer research，1982，9（2）：132-140.

［106］Hong J，Chang H H. "I" follow my heart and "we" rely on reasons：The impact of self-construal on reliance on feelings versus reasons in decision making［J］. Journal of Consumer Research，2015，41（6）：1392-1411.

［107］Hu M，Zhang M，Luo N. Understanding participation on video sharing communities：The role of self-construal and community interactivity［J］. Computers in Human Behavior，2016，62：105-115.

［108］Huang S，Hsu C H C. Effects of travel motivation，past experience，perceived constraint，and attitude on revisit intention［J］. Journal of travel research，2009，48（1）：29-44.

［109］Jacobsen J K S，Munar A M. Tourist information search and destination choice in a digital age［J］. Tourism management perspectives，2012，1：39-47.

［110］Jamshidi D，Rousta A，Shafei R. Social media destination information features and destination loyalty：does perceived coolness and memorable tourism experiences matter?［J］. Current Issues in Tourism，2023，26（3）：407-428.

［111］Jeong M，Lambert C U. Adaptation of an information quality framework to measure customers' behavioral intentions to use lodging Web sites［J］. International Journal of Hospitality Management，2001，20（2）：129-146.

［112］Kang M，Schuett M A. Determinants of sharing travel experiences in social media［J］. Journal of Travel & Tourism Marketing，2013，30（1-2）：93-107.

［113］Kang M，Schuett M A. Determinants of Sharing Travel Experiences in Social Media［J］. Journal of Travel & Tourism Marketing，2013，30（1-2）：93-107.

［114］Kietzmann J H，Hermkens K，McCarthy I P，et al. Social media? Get serious! Understanding the functional building blocks of social media［J］. Business horizons，2011，54（3）：241-251.

［115］Kim M，Kim J. Destination authenticity as a trigger of tourists' online engagement on social media［J］. Journal of Travel Research，2020，59（7）：1238-1252.

［116］Kim S S，Lee C K，Klenosky D B .The influence of push and pull factors at Korean National Parks［J］.Tourism Management，2003，24（2）：169-180.

［117］Kotera Y，Taylor E，Fido D，et al. Motivation of UK graduate students in education：Self-compassion moderates pathway from extrinsic motivation to intrinsic motivation［J］. Current Psychology，2023，42（12）：10163-10176.

［118］Kwon E，Mattila A S. The effect of self-brand connection and self-construal on brand lovers' word of mouth（WOM）［J］. Cornell Hospitality Quarterly，2015，56（4）：427-435.

［119］Lan-Lan，Chang，Kenneth，et al. Creative tourism：a preliminary examination of creative tourists' motivation，experience，perceived value and revisit intention［J］.International Journal of Culture，Tourism and Hospitality Research，2014，8（4）：401-409.

［120］Lee C K，Lee Y K，Bernhard B J，et al. Segmenting casino gamblers by motivation：A cluster analysis of Korean gamblers［J］.

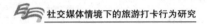

Tourism Management, 2006, 27（5）: 856-866.

［121］Lee K H, Hyun S S. The effects of tourists' knowledge-sharing motivation on online tourist community loyalty: the moderating role of ambient stimuli［J］. Current Issues in Tourism, 2018, 21（13）: 1521-1546.

［122］Leung D, Law R, Van Hoof H, et al. Social media in tourism and hospitality: A literature review［J］. Journal of travel & tourism marketing, 2013, 30（1-2）: 3-22.

［123］Lewis C L, D' Alessandro S. Understanding why: Push-factors that drive rural tourism amongst senior travellers［J］.Tourism Management Perspectives, 2019, 32: 100574

［124］Li A, Mou N, Zhang L, et al. Tourism flow between major cities during China's national day holiday: A social network analysis using Weibo DAKA data［J］. IEEE Access, 2020, 8: 225675-225691.

［125］Li F S. Understanding Chinese tourists' motivations of sharing travel photos in WeChat［J］. Tourism Management Perspectives, 2020, 33: 100584.

［126］Li M M, Huang Z W, Cai L A. Benefit segmentation of visitors to a rural community- based festival［J］. Journal of Travel & Tourism Marketing, 2009, 26（5-6）: 585-598.

［127］Li R Y. A research on the impact of Chinese tourists' self-construal on face consumption behaviors［J］. Tour. Sci, 2018, 32: 34-47.

［128］Li Y, He Z, Li Y, et al. Keep it real: Assessing destination image congruence and its impact on tourist experience evaluations［J］. Tourism Management, 2023, 97: 104736.

［129］Li Z, Zhao Z. Reliving past experience: memory and rural tourism destination image as predictors of place attachment［J］. Asia Pacific Journal of Tourism Research, 2021, 26（12）: 1402-1417.

［130］Lin J, Zhang B, Feng J, et al. Determining food tourism consumption of wild mushrooms in Yunnan Provence, China: A projection-pursuit approach［J］. Heliyon, 2023, 9（3）.

［131］Lindell J, André Jansson, Fast K. I'm here! Conspicuous geomedia practices and the reproduction of social positions on social media［J］. Information Communication and Society, 2021（2）: 1-20.

［132］Litvin S W, Goldsmith R E, Pan B. Electronic word-of-mouth in hospitality and tourism management［J］. Tourism management, 2008, 29（3）: 458-468.

［133］Liu C . Exploring selfie practices and their geographies in the digital society［J］. The Geographical Journal, 2021, 187: 240-252.

［134］Liu F J, Guo Z K, Zhang S, et al. The typologies and comparison of rural homestay inn tourists in hongcun village: Based on the cultural motivation and experience［J］. J. Arid Environ, 2021, 35: 185-193.

［135］Liu H, Li X R. How Travel Earns Us Bragging Rights: A Qualitative Inquiry and Conceptualization of Travel Bragging Rights［J］. Journal of Travel Research, 2021, 60（8）: 1635-1653.

［136］Liu H, Wu L, Li X R. Social Media Envy: How Experience Sharing on Social Networking Sites Drives Millennials' Aspirational Tourism Consumption［J］.Journal of Travel Research, 2019, 58（3）: 355-369.

［137］Liu W C, Fang C L. The Effect of Different Motivation Factors

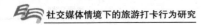

on Knowledge-Sharing Willingness and Behavior［J］.Social Behavior & Personality An International Journal，2010，38（6）：753-758.

［138］Liu H，Li X R. How Travel Earns Us Bragging Rights：A Qualitative Inquiry and Conceptualization of Travel Bragging Rights：［J］. Journal of Travel Research，2021，60（8）：1635-1653.

［139］Lo I S，Mckercher B，Lo A，et al. Tourism and online photography［J］. Tourism Management，2011，32（4）：725-731.

［140］Lu M，Fengjun L，Shen D，et al. Influence of network celebrity live broadcast on consumers' virtual gift consumption from the perspective of information source characteristics［J］. Management Review，2021，33（5）：319.

［141］Luo M，Feng R，Cai L A. Information search behavior and tourist characteristics：The internet vis-à-vis other information sources［J］. Journal of Travel & Tourism Marketing，2005，17（2-3）：15-25.

［142］Luo Q，Zhong D. Using social network analysis to explain communication characteristics of travel-related electronic word-of-mouth on social networking sites［J］. Tourism Management，2015，46：274-282.

［143］Luo Q，Zhong D. Using social network analysis to explain communication characteristics of travel-related electronic word-of-mouth on social networking sites［J］. Tourism management，2015，46：274-282.

［144］Mariani M，Styven M E，Ayeh J K. Using Facebook for Travel Decision-making：An international study of antecedents［J］. International Journal of Contemporary Hospitality Management，2019，31（2）：1021-1044.

［145］Markus H R，Kitayama S. Culture and the self：Implications for cognition, emotion, and motivation [M] //College student development and academic life. Routledge, 2014: 264-293.

[146] Marom N. Relating a City's History and Geography with Bourdieu: One Hundred Years of Spatial Distinction in Tel Aviv [J]. International Journal of Urban and Regional Research, 2014, 38 (4).

[147] Marshall P D. The promotion and presentation of the self: celebrity as marker of presentational media [J]. Celebrity studies, 2010, 1 (1): 35-48.

[148] Matteucci X, Gnoth J. Elaborating on grounded theory in tourism research [J]. Annals of Tourism Research, 2017, 65 (Jul.): 49-59.

[149] McGinnies E, Ward C D. Better liked than right: Trust worthiness and expertise as factors in credibility [J]. Personality and Social Psychology Bulletin, 1980, 6 (3): 467-472.

[150] Mckercher L B .Modeling Tourist Movements: A Local Destination Analysis [J].Annals of Tourism Research, 2006, 33 (2): 403-423.

[151] Meng F , Tepanon Y , Uysal M .Measuring tourist satisfaction by attribute and motivation: The case of a nature-based resort [J].Journal of Vacation Marketing, 2008, 14 (1): 41-56.

[152] Metzger M J, Flanagin A J, Zwarun L. College student Web use, perceptions of information credibility, and verification behavior [J]. Computers & Education, 2003, 41 (3): 271-290.

[153] Mohammad Shafiee M, Foroudi P, Tabaeeian R A. Memorable experience, tourist-destination identification and destination love [J]. International Journal of Tourism Cities, 2021, 7 (3): 799-817.

［154］Morosan C, Jeong M. The role of the internet in the process of travel information search ［J］. Information Technology in Hospitality, 2008, 5（1）: 13-23.

［155］Myers M B, Calantone R J, Page Jr T J, et al. Academic insights: An application of multiple-group causal models in assessing cross-cultural measurement equivalence ［J］. Journal of International marketing, 2000, 8（4）: 108-121.

［156］Na J, Kosinski M, Stillwell D J. When a new tool is introduced in different cultural contexts: Individualism-collectivism and social network on Facebook ［J］. Journal of Cross-Cultural Psychology, 2015, 46（3）: 355-370.

［157］Nguyen T M, Nham T P, Froese F J, et al. Motivation and knowledge sharing: a meta-analysis of main and moderating effects ［J］. Journal of Knowledge Management, 2019, 23（5）: 998-1016.

［158］Nicole E, Rebecca H, Jennifer G. Managing Impressions Online: Self-Presentation Processes in the Online Dating Environment ［J］. Journal of Computer Mediated Communication, 2006, 11（2）: 415-441.

［159］Nikjoo A, Bakhshi H. The presence of tourists and residents in shared travel photos ［J］. Tourism Management, 2019, 70: 89-98.

［160］Nkwe N, Cohen J F. The Effects of Intrinsic, Extrinsic, Hedonic and Utilitarian Motivations on IS Usage: An Updated Meta-analytic Investigation ［C］. Americas Conference on Information Systems. Association For Information Systems, 2017.

［161］Nusair K, Karatepe O M, Okumus F, et al. Exploring the pivotal role of community engagement on tourists' behaviors in social media: A cross-national study [J]. International Journal of Information Management, 2024, 74: 102701.

[162] O'Cass A, Mcewen H. Exploring consumer status and conspicuous consumption [J]. Journal of Consumer Behaviour, 2010, 4 (1): 25-39.

[163] Oliveira T, Araujo B, Tam C. Why do people share their travel experiences on social media? [J]. Tourism Management, 2020, 78: 104041.

[164] Ortega E, Rodríguez B. Information at tourism destinations. Importance and cross-cultural differences between international and domestic tourists [J]. Journal of Business Research, 2007, 60 (2): 146-152.

[165] Oskaras, Vorobjovas-Pinta. Gay neo-tribes: Exploration of travel behaviour and space [J]. Annals of tourism research: A social sciences journal, 2018, 72 (Sep.): 1-10.

[166] Otoo F E, Kim S. Analysis of studies on the travel motivations of senior tourists from 1980 to 2017: Progress and future directions [J]. Current Issues in Tourism, 2020, 23 (4): 393-417.

[167] Palmer C. Tourism and the symbols of identity [J]. Tourism management, 1999, 20 (3): 313-321.

[168] Pan S, Lee J, Tsai H. Travel photos: Motivations, image dimensions, and affective qualities of places [J]. Tourism Management, 2014, 40 (1): 59-69.

[169] Park S, Nicolau J L. Asymmetric effects of online consumer reviews [J]. Annals of Tourism Research, 2015, 50: 67-83.

[170] Park S, Woodside A G. An updated model of travel/sport/tourism

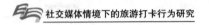

behavior focused on self-congruity and destination image/perception［J］.
Journal of Hospitality & Tourism Research, 2012, 36（2）: 211-236.

［171］Pearce P L. Developing the travel carer approach to tourist
motivation［J］. Journal of Travel Research, 2005, 43（3）: 226-237.

［172］Pearce P L. Developing the Travel Career Approach to Tourist
Motivation［J］. Journal of Travel Research, 2016, 43（3）: 226-237.

［173］Pera A. Psychopathological Processes Involved in Social
Comparison, Depression, and Envy on Facebook［J］.Frontiers in
Psychology, 2018, 9: 1-5.

［174］Pestana M H, Parreira A, Moutinho L. Motivations, emotions
and satisfaction: The keys to a tourism destination choice［J］. Journal of
Destination Marketing & Management, 2020, 16: 100332.

［175］Petty R E, Cacioppo J T. The effects of involvement on
responses to argument quantity and quality: Central and peripheral routes to
persuasion［J］. Journal of Personality and Social Psychology, 1984, 46（1）:
69-81.

［176］Popp R K. The Holiday Makers［M］. Louisiana State University
Press, 2012.

［177］Rakic T, Chambers D. Rethinking the consumption of
places［J］.Annals of Tourism Research, 2012, 39（3）: 1612-1633.

［178］Riley P J. Road culture of international long-term budget
travelers［J］.Annals of Tourism Research, 1988, 15（3）: 313-328.

［179］Rokonuzzaman M D, Harun A, Al-Emran M D, et al. An
investigation into the link between consumer's product involvement and store
loyalty: The roles of shopping value goals and information search as the

mediating factors [J]. Journal of Retailing and Consumer Services, 2020, 52: 101933.

[180] Ryan R M, Deci E L. Self-determination theory and the facilitation of intrinsic motivation, social development, and well-being [J]. American psychologist, 2000, 55 (1): 68.

[181] Salancik G R, Pfeffer J. A social information processing approach to job attitudes and task design [J]. Administrative science quarterly, 1978: 224-253.

[182] Santos A I G P, Perinotto A R C, Soares J R R, et al. Feeling at home while traveling: an analysis of the experiences of airbnb users [J]. Tourism and Hospitality Management, 2022, 28: 455-477.

[183] Schechner R. Performance Studies—An Introduction [M]. London: Loutledge, 2002: 2.

[184] Sellitto C, Burgess S, Cox C, et al. The Role of User-Generated Content in Tourists' Travel Planning Behavior [J]. Journal of Hospitality Marketing and Management, 2009, 18 (8): 743-764.

[185] Shah D, Webster E, Kour G. Consuming for content? Understanding social media-centric consumption [J]. Journal of business research, 2023, 155: 113408.

[186] Sheldon P, Bryant K. Instagram: Motives for its use and relationship to narcissism and contextual age [J]. Computers in Human Behavior, 2016, 58 (May): 89-97.

[187] Sheldon P, Bryant K. Instagram: Motives for its use and relationship to narcissism and contextual age [J]. Computers in Human Behavior, 2016, 58 (May): 89-97.

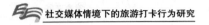

［188］Shishmanova, Valkova M. Cultural tourism in cultural corridors, itineraries, areas and cores networked［J］. Procedia-Social and Behavioral Sciences, 2015, 188: 246-254.

［189］Sia C L, Lim K H, Leung K, et al. Web strategies to promote internet shopping: is cultural-customization needed?［J］. Mis Quarterly, 2009: 491-512.

［190］Sinambela E A. Examining the relationship between tourist motivation, touristic attractiveness, and revisit intention［J］. Journal of Social Science Studies（JOS3）, 2021, 1（1）: 25-30.

［191］Singelis T M. The measurement of independent and interdependent self-construals［J］. Personality and social psychology bulletin, 1994, 20（5）: 580-591.

［192］Sotiriadis M D. Sharing tourism experiences in social media: A literature review and a set of suggested business strategies［J］. International Journal of Contemporary Hospitality Management, 2017, 29（1）: 179-225.

［193］Soulard J, McGehee N G, Stern M J, et al. Transformative tourism: Tourists' drawings, symbols, and narratives of change［J］. Annals of Tourism Research, 2021, 87: 103141.

［194］Sudarsono H, Saddam Ash Shidiqie J, Karina Tumewang Y. The impact of religiosity and knowledge on the intention of young Muslim generation toward Halal tourism in Indonesia［J］. Tourism and hospitality management, 2021, 27（2）: 255-272.

［195］Sussman S W, Siegal W S. Informational influence in organizations: An integrated approach to knowledge adoption［J］.

Information systems research, 2003, 14（1）: 47-65.

［196］Suzanne Amaro A, Paulo Duarte B, Carla Henriques A. Travelers' use of social media: A clustering approach - ScienceDirect［J］. Annals of Tourism Research, 2016, 59: 1-15.

［197］Tan S K, Tan S H, Luh D B, et al. Understanding tourist perspectives in creative tourism［J］. Current Issues in Tourism, 2016: 1-7.

［198］Tan S K, Kung S F, Luh D B. A model of 'creative experience' in creative tourism［J］. Annals of Tourism Research, 2013, 41: 153-174.

［199］Tham A, Croy G, Mair J. Social media in destination choice: Distinctive electronic word-of-mouth dimensions［J］. Journal of Travel & Tourism Marketing, 2013, 30（1-2）: 144-155.

［200］The Economist.（2019, Aug 15）. For some in China, the aim of travel is to create 15-second videos. https: //www.economist. com/china/2019/08/15/for-some-in-china-the-aim-of-travelis-to-create-15-second-videos.

［201］Toma C L, Hancock J T. Self-Affirmation Underlies Facebook Use［J］. Personality and Social Psychology Bulletin, 2013, 39（3）: 321-331.

［202］Tormala Z L, Petty R E. Source credibility and attitude certainty: A metacognitive analysis of resistance to persuasion［J］. Journal of Consumer Psychology, 2004, 14（4）: 427-442.

［203］Tran G A, Strutton D. Has reality television come of age as a promotional platform? Modeling the endorsement effectiveness of celebreality and reality stars［J］. Psychology & Marketing, 2014, 31（4）: 294-305.

［204］Urry J . Consuming Places［M］. London: Routledge, 1995.

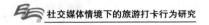

［205］Vohs K D, Wang Y, Gino F, et al. Rituals enhance consumption ［J］. Psychological Science, 2013, 24（9）: 1714-1721.

［206］Wang J, Li Y, Wu B, et al. Tourism destination image based on tourism user generated content on internet ［J］. Tourism Review, 2021, 76（1）: 125-137.

［207］Wang R, Wu C, Wang X, et al. E-Tourism information literacy and its role in driving tourist satisfaction with online travel information: A qualitative comparative analysis ［J］. Journal of Travel Research, 2024, 63（4）: 904-922.

［208］Wedow S, Maccannell D. The Tourist: A New Theory of the Leisure Class ［J］. Contemporary Sociology, 1977, 6（2）: 200.

［209］Wu M Y, Tong Y, Li Q, et al. Interaction rituals and social relationships in a rural tourism destination ［J］. Journal of Travel Research, 2023, 62（7）: 1480-1496.

［210］Wu P Y, Huang Y S. Study on influence of symbolic attributes of travel photos on travel intention taking travel photos of we chat friends circle as an example ［J］. Resour. Dev. Mark, 2019, 263: 993-1000.

［211］Wu M Y, Pearce P L. Tourism Blogging Motivations: Why Do Chinese Tourists Create Little "Lonely Planets"? ［J］. Journal of travel research, 2016, 55（4）: 537-549.

［212］Xiang K, Xu C, Wang J. Understanding the relationship between tourists' consumption behavior and their consumption substitution willingness under unusual environment ［J］. Psychology Research and Behavior Management, 2021: 483-500.

［213］Xiang Z, Gretzel U. Role of social media in online travel information search〔J〕. Tourism management，2010，31（2）：179-188.

〔214〕Xiang Z，Magnini V P，Fesenmaier D R. Information technology and consumer behavior in travel and tourism：Insights from travel planning using the internet〔J〕. Journal of Retailing & Consumer Services，2015，22（Jan.）：244-249.

〔215〕Xiaorong W，Lifang P，Xinyu L. Behavior of sharing travel experiences in social media〔J〕. Management Review，2017，29（2）：97.

〔216〕Xiong W，Huang M，Okumus B，et al. The predictive role of tourist-generated content on travel intentions：emotional mechanisms as mediators〔J〕. Asia Pacific Journal of Tourism Research，2022，27：443-456.

〔217〕Yang C，Hu J .Seize the Time! How Perceived Busyness Influences Tourists' Preferences for Destination Advertising Messages〔J〕. Journal of Travel Research，2023.

〔218〕Yang T T，Ruan W Q，Li Y Q，et al. Virtual tourist motivation：the differences between virtual tourism and on-site tourism〔J〕. Tourism Review，2023，78（5）：1280-1297.

〔219〕Ye J M，He M Y，Yuan J L，et al. Mechanism of rural tourism motivation，tourism involvement and post-travel behavior intention–a case of Turpan〔J〕. J. Arid Environ，2021，35：203-208.

〔220〕Yen C H，Teng H Y. Celebrity involvement，perceived value，and behavioral intentions in popular media-induced tourism〔J〕. Journal of Hospitality & Tourism Research，2015，39（2）：225-244.

〔221〕Yoon Y，Uysal M. An examination of the effects of motivation

and satisfaction on destination loyalty: a structural model [J]. Tourism management, 2005, 26 (1): 45-56.

[222] Yousaf A, Amin I, C Santos J A. Tourist's motivations to travel: A theoretical perspective on the existing literature [J]. Tourism and hospitality management, 2018, 24 (1): 197-211.

[223] Zaichkowsky J L. The personal involvement inventory: Reduction, revision, and application to advertising [J]. Journal of Advertising, 1994, 23 (4): 59-70.

[224] Zhang H, Yang Y, Bai B. The effects of photo-sharing motivation on tourist well-being: the moderating role of online social support [J]. Journal of Hospitality and Tourism Management, 2022, 51: 471-480.

[225] Zhang P X, Zhu Z W, Liu C. Research on influencing factors of social software continuance usage intention [J]. Mod. Manage, 2019, 39: 61-64.

[226] Zhao X, Wang L, Guo X, et al. The influence of online reviews to online hotel booking intentions [J]. International Journal of Contemporary Hospitality Management, 2015, 27 (6): 1343-1364.

附录 A

研究一情景问卷

情景1：网红旅游景点信息源对旅游意愿的影响研究

1. 请问您是旅游达人吗？

①是　　　　　②不是

2. 请问您去过九寨沟吗？

①没去过　　　②去过

3. 请问您上次旅游打卡是在什么时候？

①一周前　　　②一个月前　　③半年前　　　　④一年前

⑤时间更早之前

阅读以下背景材料后，根据真实意愿回答问题。

某个午后，您在刷微信朋友圈的时候，看到了朋友赵军伟在四川"旅游打卡地"——九寨沟打卡的美丽风光，从他打卡的信息中，您看到

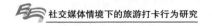

了九寨沟的秀山丽水被大自然的神功涂抹上了瑰丽的色彩，油绿的叶儿、芬芳的花朵、滚涌的松涛，更有五彩的池水犹如创意的水彩画作，美得如此耀眼。

朋友圈的内容如下图所示：

4. 您看到上文中的网红旅游景点信息是来自好友赵军伟的朋友圈吗？

①是　　　　②不是

5. 您平均每天使用微信时间是多久？

① 4 小时以下　② 4~6 小时　③ 6~8 小时　④ 8~10 小时

⑤ 10 小时以上

6. 下面是关于信息源有关的问题，请您认真阅读以下陈述，并选择您对每个陈述的同意程度。

变量	测量题项	完全不同意← →完全同意
可信性	1.我认为在朋友圈里关于网红旅游地的内容是可信的。	1　2　3　4　5　6　7
	2.我认为朋友推荐的网红旅游地是较为可靠的。	1　2　3　4　5　6　7
	3.我信任朋友的推荐	1　2　3　4　5　6　7
专业性	1.我认为朋友圈好友推荐具有专业的技巧。	1　2　3　4　5　6　7
	2.我认为朋友圈好友推荐具有职业精神。	1　2　3　4　5　6　7
	3.我认为朋友圈好友推荐具有专业知识。	1　2　3　4　5　6　7
	4.我认为朋友圈好友推荐具有丰富的旅游经验	1　2　3　4　5　6　7

7. 下面是关于动机理论有关的问题，请您认真阅读以下陈述，并选择您对每个陈述的同意程度。

变量	测量题项	完全不同意← →完全同意
内在动机	1.我喜欢通过网络分享旅游经历。	1　2　3　4　5　6　7
	2.我想通过分享帮助他人。	1　2　3　4　5　6　7
	3.通过社会化媒体分享令我感到愉悦。	1　2　3　4　5　6　7
	4.我想为他人选择旅游景点提供借鉴信息	1　2　3　4　5　6　7
外在动机	1.我想通过分享结识更多朋友。	1　2　3　4　5　6　7
	2.我想通过分享和他人保持更紧密的联系。	1　2　3　4　5　6　7
	3.我想通过分享得到回报。	1　2　3　4　5　6　7
	4.我想通过分享得到额外奖励	1　2　3　4　5　6　7

8. 下面是关于自我建构有关的问题，请您认真阅读以下陈述，并选择您对每个陈述的同意程度。

变量	测量题项	完全不同意← →完全同意
独立性自我建构	1. 无论同谁一起，我都一如既往地做自己的事。	1 2 3 4 5 6 7
	2. 同他人打交道时，我喜欢直来直去。	1 2 3 4 5 6 7
	3. 我喜欢在许多方面与众不同。	1 2 3 4 5 6 7
	4. 个人身份的与众不同对我很重要	1 2 3 4 5 6 7
依存性自我建构	1. 维系同群体的和谐对我很重要。	1 2 3 4 5 6 7
	2. 为了周围人的利益，我会主动牺牲我自己的利益。	1 2 3 4 5 6 7
	3. 我的幸福取决于我周围人的幸福。	1 2 3 4 5 6 7
	4. 如果我的兄弟／姐妹失败了，我会觉得自己负有责任。	1 2 3 4 5 6 7
	5. 尊重群体决策对我很重要	1 2 3 4 5 6 7

9. 看到以上旅行打卡信息，是否会产生打卡意向？

变量	测量题项	完全不同意← →完全同意
旅游意向	1. 我产生了旅游意向。	1 2 3 4 5 6 7
	2. 吸引我想要去旅游。	1 2 3 4 5 6 7
	3. 对我的出游决策产生了影响	1 2 3 4 5 6 7

基本信息采集：

10. 您的性别：

11. 您结婚与否：

12. 您的年龄：

13. 您目前从事的职业：

14. 您的教育程度：

15. 您的月收入水平：

16. 您所在的城市：

情景 2：网红旅游景点信息源对旅游意愿的影响研究

1. 请问您是旅游达人吗？

①是　　　　　　②不是

2. 请问您去过九寨沟吗？

①没去过　　　　　②去过

3. 请问您上次旅游打卡是在什么时候？

①一周前　　　②一个月前　　③半年前　　　④一年前

⑤时间更早之前

阅读以下背景材料后，根据真实意愿回答问题。

某个午后，您在刷微博的时候，看到了旅行打卡君（陌生人）在四川"旅游打卡地"——九寨沟打卡的美丽风光，从他打卡的信息您看到了九寨沟的秀山丽水被大自然的神功涂抹上了瑰丽的色彩，油绿的叶儿、芬芳的花朵、滚涌的松涛，更有五彩的池水犹如创意的水彩画作，美得如此耀眼。

微博的内容如下图所示：

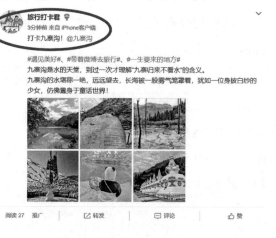

4.您看到上文中的网红旅游景点信息是来自旅游博主旅行打卡君的微博吗?

①是   ②不是

5.您平均每天使用微博时间是多久?

①4 小时以下   ②4~6 小时   ③6~8 小时   ④8~10 小时

⑤10 小时以上

6.下面是关于信息源有关的问题,请您认真阅读以下陈述,并选择您对每个陈述的同意程度。

变量	测量题项	完全不同意←→完全同意
可信性	1. 我认为在微博里关于网红旅游地的内容是可信的。	1　2　3　4　5　6　7
	2. 我认为旅游博主推荐的网红旅游地是较为可靠的。	1　2　3　4　5　6　7
	3. 我信任旅游博主的推荐	1　2　3　4　5　6　7
专业性	1. 我认为旅游博主旅游打卡君具有专业的技巧。	1　2　3　4　5　6　7
	2. 我认为旅游博主旅游打卡君具有职业精神。	1　2　3　4　5　6　7
	3. 我认为旅游博主旅游打卡君具有专业知识。	1　2　3　4　5　6　7
	4. 我认为旅游博主旅游打卡君具有丰富的旅游经验	1　2　3　4　5　6　7

7.下面是关于动机理论有关的问题,请您认真阅读以下陈述,并选择您对每个陈述的同意程度。

变量	测量题项	完全不同意←→完全同意
内在动机	1. 我喜欢通过网络分享旅游经历。	1　2　3　4　5　6　7
	2. 我想通过分享帮助他人。	1　2　3　4　5　6　7
	3. 通过社会化媒体分享令我感到愉悦。	1　2　3　4　5　6　7
	4. 我想为他人选择旅游景点提供借鉴信息	1　2　3　4　5　6　7

续表

变量	测量题项	完全不同意← →完全同意
外在动机	1. 我想通过分享结识更多朋友。	1　2　3　4　5　6　7
	2. 我想通过分享和他人保持更紧密的联系。	1　2　3　4　5　6　7
	3. 我想通过分享得到回报。	1　2　3　4　5　6　7
	4. 我想通过分享得到额外奖励	1　2　3　4　5　6　7

8. 下面是关于自我建构有关的问题，请您认真阅读以下陈述，并选择您对每个陈述的同意程度。

变量	测量题项	完全不同意← →完全同意
独立性自我建构	1. 无论同谁一起，我都一如既往地做自己的事。	1　2　3　4　5　6　7
	2. 同他人打交道时，我喜欢直来直去。	1　2　3　4　5　6　7
	3. 我喜欢在许多方面与众不同。	1　2　3　4　5　6　7
	4. 个人身份的与众不同对我很重要	1　2　3　4　5　6　7
依存性自我建构	1. 维系同群体的和谐对我很重要。	1　2　3　4　5　6　7
	2. 为了周围的人的利益，我会主动牺牲我自己的利益。	1　2　3　4　5　6　7
	3. 我的幸福取决于我周围人的幸福。	1　2　3　4　5　6　7
	4. 如果我的兄弟/姐妹失败了，我会觉得自己负有责任。	1　2　3　4　5　6　7
	5. 尊重群体决策对我很重要	1　2　3　4　5　6　7

9. 看到以上旅行打卡信息，是否会产生打卡意向？

变量	测量题项	完全不同意← →完全同意
旅游意向	1. 我产生了旅游意向。	1　2　3　4　5　6　7
	2. 吸引我想要去旅游。	1　2　3　4　5　6　7
	3. 对我的出游决策产生了影响	1　2　3　4　5　6　7

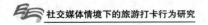

基本信息采集：

10. 您的性别：

11. 您结婚与否：

12. 您的年龄：

13. 您目前从事的职业：

14. 您的教育程度：

15. 您的月收入水平：

16. 您所在的城市：

附录 B

研究二访谈提纲

旅游打卡访谈提纲

第一部分：访谈知情同意书

尊敬的＿＿＿＿＿＿＿＿＿＿＿：

您好！

我是＿＿＿＿＿＿。我们正在对旅游打卡进行相关的访谈研究。本次访谈旨在了解您对旅游打卡的看法、体验和经历感受，您的分享有助于我们深入了解旅游打卡的现象、动机和游客行为意愿等，对我们的研究有重要的意义，在此先向您表示衷心的感谢！

若您同意加入我们的研究，我们将对您进行一次（可能多次）访谈，访谈的时间为 30~60 分钟。访谈地点将依据您的意愿，也可由我们提供

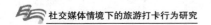

安静的访谈场所。为了保证信息资料没有遗漏，我们可能会对访谈过程进行录音。在此，我们向您郑重承诺，您的个人信息资料仅为研究所用，我们将严格遵守保密原则，妥善保管。

为使访谈顺利进行，打消您的顾虑，本人特做以下声明：

第一，为了能够完整地保留您的访谈内容，本人将在访谈期间利用录音设备录音，如果您对此表示有异议，本人可以随时关闭录音设备，同时本人保证，如您需要，本人可以将关于您的访谈内容的所有分析资料提供给您备份。

第二，本人将恪守学术道德规范，绝对不将与访谈相关的任何内容和信息（包括访谈录音及其整理文件）泄露给除本人之外的第三者或将本访谈资料用于其他任何盈利目的。

第三，对于出现于本研究中您的访谈内容，本人将对其进行隐私处理，绝对不会在文中泄露任何与您隐私相关的信息。

您阅读此同意书后，请在下方打勾表明您是否同意作为访谈对象加入这项科学研究。对您为本研究提供的大力支持与配合，我们再次深表感谢！

同意参加（　　　　　）　　　　　不同意参加（　　　　　）

您的姓名：

访谈日期：

第二部分：访谈内容部分

前置问题：

Q1：您有过旅游打卡的经历吗？

Q2：您是怎么看待旅游打卡现象的？

非结构化访谈问题：

Q1：您有过旅游打卡的经历吗？

Q2：您怎么看待旅游打卡现象？

Q3：描绘您曾经的一次打卡经历。

半结构化访谈问题：

Q1：您认为旅游打卡应包含哪些方面？

Q2：怎样的旅游打卡更有吸引力？（为什么？）

Q3：您旅游打卡的目的是什么？

Q4：您是如何进行旅游打卡的？

备选问题：

Q1：您一般从哪里获取旅游打卡的信息？

Q2：影响您旅游打卡的主要原因是什么？

Q3：您期待的是一场怎样的旅游打卡体验呢？

第三部分：被访谈者统计学信息

1. 您的性别：

①男　　　　　②女

2. 您的年龄：

① 20 岁及以下　② 21~25 岁　　③ 26~30 岁　　④ 31~35 岁

⑤ 36~40 岁　　⑥ 40 岁以上

3. 您的职业：

①学生　　②"996"工作者　　③公职人员　　④自由职业者

⑤其他

4. 您的婚姻状况：

①未婚　　　　　②已婚

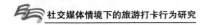

5.您的教育程度：

①初中毕业 　②高中毕业 　③大专毕业 　④本科毕业

⑤硕士及以上毕业

6.您的月收入：

① 2000 元及以下 　② 2001~3000 元 　③ 3001~5000 元

④ 5001~8000 元 　⑤ 8001~10000 元 　⑥ 10001 元及以上

访谈结束，再次感谢您的参与！

第四部分：访谈附录

可能碰到的问题

（1）被访者拒答。

（2）访谈地点受干扰性大。

（3）访谈过程中被访者不耐烦。

（4）访谈过程中被第三者打断。

（5）被访谈者敷衍回答。

设想解决的方法

（1）选取适当的访问对象，考察选取对本次访谈内容不排斥的人，明确告知其我们的目的。

（2）选取适当的访谈时机和地点。

（3）尽量速战速决，如占用时间过长，可能导致多数人不愿合作。

（4）也可以一对多地进行访问，形成交流小组形式。

（5）如果对象敷衍回答，应尽早结束访谈，并将此次访谈作废。

采访前要携带的设备

（1）本子、笔及相关个人证件。

（2）录音笔。

（3）访谈提纲。

附录 C

研究三问卷调查

基于目的地属性的旅游打卡动机与打卡意愿实证研究

尊敬的女士／先生：

衷心地感谢您在百忙之中填写这份问卷。本问卷是关于"基于目的地属性的旅游打卡动机与打卡意愿实证研究"，此问卷完全用于学术研究，您的资料将完全保密。非常感谢您的积极参与协助。请您在阅读背景材料后，根据提示填写问卷，谢谢合作。

理论背景

旅游打卡，是一个网络用语，意思是指：我看到、我来过、我拍过、我走了。旅游打卡意味着两件事：第一，这个圈层信息中热议的地方我来过了；第二，我拍图或我录视频验证了，并且我上传到了社交媒体。

第一部分：问题导入

I. 请问您喜欢旅游吗？

①喜欢　　　　　②不喜欢

II. 请问您有过旅游打卡的经历吗？

①有过　　　　　②没有过

III. 请问您上次旅游打卡是在什么时候？

①一周前　　　②一个月前　　③半年前　　　　④一年前

⑤时间更早之前

IV. 请问您上次旅游打卡是在什么地方？

第二部分：量表测量

请深入回想您上次旅游打卡的经历，填写下列题目（在题目右侧数字上画"〇"或打"√"；其中数字 1~7 的问项表述分别为：1 完全不同意；2 比较不同意；3 不同意；4 一般；5 同意；6 比较同意；7 完全同意）。

V 打卡地属性		
A	奇特性	完全不同意 ←→ 完全同意
A1	旅游打卡是灵活便捷的旅游方式。	1　2　3　4　5　6　7
A2	旅游打卡是新奇时尚的旅游形式。	1　2　3　4　5　6　7
A3	旅游打卡可以体验到不同寻常的新鲜感	1　2　3　4　5　6　7

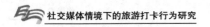

续表

B	服务性	完全不同意 ← → 完全同意
B1	打卡地有良好的景区保护制度。	1　2　3　4　5　6　7
B2	打卡地有健全的安全保障体系。	1　2　3　4　5　6　7
B3	打卡地有良好的秩序维护。	1　2　3　4　5　6　7
B4	打卡地有健全的导览线路	1　2　3　4　5　6　7
C	娱乐性	完全不同意 ← → 完全同意
C1	注重打卡地丰富的体验项目。	1　2　3　4　5　6　7
C2	注重打卡地好玩的游乐设施。	1　2　3　4　5　6　7
C3	注重打卡地的新奇与刺激	1　2　3　4　5　6　7
D	风土人情	完全不同意 ← → 完全同意
D1	打卡地有特有的风土人情。	1　2　3　4　5　6　7
D2	打卡地有优美的自然环境。	1　2　3　4　5　6　7
D3	打卡地有多元浓厚的人文景观	1　2　3　4　5　6　7
F	知名度	完全不同意 ← → 完全同意
F1	打卡地是要有人气的。	1　2　3　4　5　6　7
F2	打卡地是要名气大的。	1　2　3　4　5　6　7
F3	打卡地是要出镜率高的。	1　2　3　4　5　6　7
F4	打卡地是要媒体报道多的	1　2　3　4　5　6　7
G	圈层认可度	完全不同意 ← → 完全同意
G1	旅游打卡经历使我感到自豪。	1　2　3　4　5　6　7
G2	旅游打卡分享能够获取他人好的评价。	1　2　3　4　5　6　7
G3	身边的朋友、同事、同学都有旅游打卡的经历。	1　2　3　4　5　6　7
G4	旅游打卡经历能够使我在他人心目中树立良好的形象	1　2　3　4　5　6　7

续表

H	交通便利性	完全不同意 ← → 完全同意
H1	打卡地要有便利的外部交通。	1 2 3 4 5 6 7
H2	打卡地要有便利的内部交通。	1 2 3 4 5 6 7
H3	打卡地要有合理的交通价格。	1 2 3 4 5 6 7
H4	打卡地要有健全的交通指示系统	1 2 3 4 5 6 7

VI 打卡动机		
I	内在动机	完全不同意 ← → 完全同意
I1	旅游打卡可以缓解精神压力。	1 2 3 4 5 6 7
I2	旅游打卡可以逃离日常的生活。	1 2 3 4 5 6 7
I3	旅游打卡可以追求自由自在的感觉。	1 2 3 4 5 6 7
I4	旅游打卡可以体验一种新的不同的生活。	1 2 3 4 5 6 7
I5	旅游打卡可以从繁忙的工作中解脱出来	1 2 3 4 5 6 7
J	外在动机	完全不同意 ← → 完全同意
J1	旅游打卡可以与当地人交流。	1 2 3 4 5 6 7
J2	旅游打卡可以体验当地生活方式。	1 2 3 4 5 6 7
J3	旅游打卡可以与其他打卡者交流学习。	1 2 3 4 5 6 7
J4	旅游打卡可以和志同道合的人在一起。	1 2 3 4 5 6 7
J5	旅游打卡可以了解打卡地的历史、文化和社会风俗	1 2 3 4 5 6 7

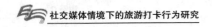

VII打卡行为		
K	打卡地情感	完全不同意 ← → 完全同意
K1	旅游打卡令我感到愉悦。	1　2　3　4　5　6　7
K2	旅游打卡令我感到兴奋。	1　2　3　4　5　6　7
K3	旅游打卡令我感到向往	1　2　3　4　5　6　7
L	打卡意向	完全不同意 ← → 完全同意
L1	我愿意向朋友推荐我喜欢的打卡景点。	1　2　3　4　5　6　7
L2	如果有机会，我会前往喜欢的景点打卡。	1　2　3　4　5　6　7
L3	如果有机会，我愿意再次前往喜欢的景点再次打卡	1　2　3　4　5　6　7

VIII 旅游涉入度		
M	旅游涉入度	完全不同意 ← → 完全同意
M1	对我而言，旅游是一种生活。	1　2　3　4　5　6　7
M2	旅游可以体现我的个人品位。	1　2　3　4　5　6　7
M3	旅游可以升华我的个人灵魂	1　2　3　4　5　6　7

第三部分：基本信息填写

1. 您的性别：

①男　　　　　②女

2. 您的年龄：

① 20 岁及以下　② 21~30 岁　③ 31~40 岁　④ 41~50 岁

⑤ 51~60 岁　　⑥ 61 岁及以上

3. 您的职业：

①学生　　　　　②公司职员　　③公务员　　　　④自营业者

⑤其他

4. 您的教育程度：

①初中毕业　　　②高中毕业　　③大专毕业　　④本科毕业

⑤硕士及以上毕业

5. 您的月收入：

① 2000 元及以下　　② 2001~3000 元　　③ 3001~5000 元

④ 5001~8000 元　　⑤ 8001~10000 元　　⑥ 10001 元及以上

问卷到此结束，再次感谢您的支持与参与！

项目策划：王　丛
责任编辑：路雅璇
责任印制：谢　雨
封面设计：谭雄军

图书在版编目（ＣＩＰ）数据

社交媒体情境下的旅游打卡行为研究 / 陈义涛著．
北京 ： 中国旅游出版社，2025. 7. -- （中国旅游研究院
博士后文库）. -- ISBN 978-7-5032-7584-5

Ⅰ．F59

中国国家版本馆 CIP 数据核字第 2025NY2269 号

书　　名：社交媒体情境下的旅游打卡行为研究

作　　者：陈义涛著
出版发行：中国旅游出版社
　　　　　（北京静安东里 6 号　邮编：100028）
　　　　　https://www.cttp.net.cn　E-mail:cttp@mct.gov.cn
　　　　　营销中心电话：010-57377103，010-57377106
　　　　　读者服务部电话：010-57377107
排　　版：北京旅教文化传播有限公司
经　　销：全国各地新华书店
印　　刷：三河市灵山芝兰印刷有限公司
版　　次：2025 年 7 月第 1 版　2025 年 7 月第 1 次印刷
开　　本：787 毫米 × 1092 毫米　1/16
印　　张：13
字　　数：160 千
定　　价：48.00 元
ＩＳＢＮ　978-7-5032-7584-5